QICHE DIPAN
DIANKONG XITONG JIANXIU ANLI JICUI

汽车底盘电控系统检修案例集萃

主编⊙郭海龙　曹　华

广东高等教育出版社
Guangdong Higher Education Press
·广州·

内 容 提 要

本书对汽车底盘机械系统进行了深入的讲解，分析了汽车底盘机械系统常见的故障，从实操角度讲解了维修的流程和要点。包括对离合器、手动变速器、自动变速器、万向传动装置、驱动桥、车轮、悬架、行车制动、驻车制动等部分的故障维修，兼顾汽车底盘的传动、行驶、转向、制动的知识体会。本书可作为中高职衔接汽车运用技术专业的教材，也可供中职、高职汽修专业教学使用，还可以作为从业人员的参考手册。

图书在版编目（CIP）数据

汽车底盘电控系统检修实训案例集萃/郭海龙，曹华主编. —广州：广东高等教育出版社，2017. 12

ISBN 978 - 7 - 5361 - 6098 - 9

Ⅰ. ① 汽… Ⅱ. ① 郭…②曹… Ⅲ. ① 汽车 - 底盘 - 电气控制系统 - 车辆检修 - 案例 Ⅳ. ① U472. 41

中国版本图书馆 CIP 数据核字（2018）第 001591 号

出版发行	广东高等教育出版社 社址：广州市天河区林和西横路 邮编：510500　营销电话：（020）87551597 http://www. gdgjs. com. cn
印　　刷	广州市穗彩印务有限公司
开　　本	787 毫米 ×1 092 毫米　1/16
印　　张	12. 5
字　　数	289 千
版　　次	2017 年 12 月第 1 版
印　　次	2017 年 12 月第 1 次印刷
定　　价	31. 00 元

前　言

2014年12月，教育部发布了《关于深化职业教育教学改革全面提高人才培养质量的若干意见（征求意见稿）》，指出了中高职院校要“完善人才培养衔接的制度体系，要明确各自的办学定位，形成适应发展需求、产教深度融合，中高职优势互补、分工协作、协调发展、衔接贯通的人才培养体系”。基于此背景，广东省教育厅和广东省教育研究院启动了“首批中高职衔接的教学标准和课程标准研制”工作。“中高职衔接汽车运用技术专业教学标准和课程标准研制”工作由广东交通职业技术学院牵头，协同广州市交通运输职业学校、广州沙河丰田汽车销售服务有限公司三方合作完成。

经过长期的教学积累，“汽车底盘电控系统检修”课程建设成果十分丰富。应教师及学生们的要求，对该课程案例任务进行了进一步的整合、精炼，出版了本书。本书对任务驱动教学进一步深化，充分体现了因材施教的教学理念，习题类型丰富、内容翔实，每个项目均带有故障记录、思考题及总结性习题。本书基于已开发的教学标准和课程标准，按照新的技术路线和编写体例编写而成，共分为9个项目，由郭海龙和曹华任主编，其中广东交通职业技术学院郭海龙副教授负责编写项目一、二、三、四，张永栋老师负责编写项目五、六，广东省电子信息高级技工学校曹华老师负责编写项目七、八、九及全书统稿，广州科贸职业技术学院张红伟老师、顺德职业技术学院范爱民教授、广东交通职业技术学院严朝勇、温福军、张胜宾、黄景鹏、何明等老师参与了该书的编写工作，广州沙河丰田汽车销售服务有限公司高级工程师阮少宁担任本书的审定工作。

本书注重理实一体化，强调“做中学、学中做”的职业教育理念，采用了任务驱动的模式，每一个项目均由任务目标、任务描述以及任务实施3个主要部分组成，并配套2～4个任务案例，每个工作任务后面依据练习题的难易程度会给予小提示，使学生在学习知识的同时，能够运用知识解决问题，完成相应的任务工作，学生通过边学边做，增强了知识和技能的掌握程度和学习成就感，并为将来从事岗位工作打下良好的基础。本书“任务实施”部分内容的编写，遵循工作页的编写思路，教师可利用本书实施过程考核学生。本书介绍的电控系统故障诊断与维修内容以及在实训项目中所涉及的典型车型，以常见的德系车和日系车为主，既考虑到这些车型在电控技术方面所具有的代表性，又考虑到学校对相关实验、实习设备配备的方便性。除此之外，还增加宝马、奔驰和奥迪车型，为有条件的院校展开教学提供更高层次的教学服务。本书在开发过程中，为了方便学生学习和教师组织教学，同时开发了《汽车底盘电控系统检修》教材，习题集与教材均可单独使用，如果两者配套使用，学习效果更佳。

在本书开发过程中，得到了广东省教育研究院职教研究室专家们的重点指导，广东交通职业技术学院刘越琪教授、李军教授、孟国强教授等对本书也提出了大量修改意见，在此表示感谢。在本书编写过程中，编者参阅了大量的书籍、文献资料，受益匪浅，在此向这些作者们表示衷心感谢。为了方便教师授课，编者提供本书相应的习题答案等教学资料，有需要的读者可致信编者邮箱（107289145@ qq. com）获取。由于编者水平有限，疏漏之处在所难免，竭诚欢迎同行、读者批评指正，以便在今后的修订工作中不断完善。

编　者

2017 年 4 月 10 日

目 录

项目一
汽车电控自动变速器检修

任务1　大众迈腾 B7L 轿车加速无力，挡位指示灯闪烁故障检修

任务目标

1. 能记录车辆的基本信息及故障症状
2. 能根据维修任务，制订工作计划，并准备设备维修工具等
3. 能用手持式诊断电脑读取电控自动变速器系统故障码，并根据读取的故障码确定故障范围
4. 能对电控自动变速器系统部件及电路进行检查和维修
5. 能根据检查结果更换故障部件，并能排除电控自动变速器异响故障
6. 对工作任务完成情况做出评价、反馈和总结

任务描述

某一天，一名大众迈腾 B7L 轿车车主来到4S 店，向服务顾问（SA）反映，其车辆出现加速无力、挡位指示灯闪烁的故障，希望得到帮助。SA 接车后，将该车辆交付你所在的维修组进行维修作业。

图1－1　大众迈腾轿车

想一想

请根据你所学到的知识，初步判断该任务的复杂程度，需要运用哪些知识、技能及工具，需要进行哪些方面的检修以及需要多长时间、多少人来共同协作完成？

任务实施

（1）将车辆的基本信息及故障症状记录在表1－1中。

表1－1　车辆基本信息及故障记录表

客户姓名		车型与车型年份	
驾驶员姓名		VIN码	
车辆进厂日期		发动机型号	
车牌号码		里程表读数	km
首次发生故障日期			
产生故障频率	□ 经常发生 □ 有时发生（　　次/天　　次/月） □ 仅有一次		
故障症状	□ 电控自动变速器系统不工作		
	□ 电控自动变速器系统不能有效工作		
	电控自动变速器系统警告灯异常：□ 持续点亮　□ 不亮		

小提示

一辆2012年生产的迈腾B7L车型（搭载CEA发动机和OAM 7速DSG变速器），累计行驶里程约为63 000 km，据驾驶者反映，该车在行驶中加速无力且组合仪表上的挡位指示灯闪烁。

（2）准备电控自动变速器系统检查维修所需的设备、仪表、工具、耗材等，并在表1－2中记录。

表1－2　设备、工具、耗材准备记录表

名　称	型　号	数　量	是否会使用	是否准备好
数字万用表			□ 是　□ 否	□ 是　□ 否
手持式诊断电脑			□ 是　□ 否	□ 是　□ 否
专用示波器			□ 是　□ 否	□ 是　□ 否
维修手册			□ 是　□ 否	□ 是　□ 否

续上表

名　称	型　号	数　量	是否会使用	是否准备好
常用工具			□是　□否	□是　□否
专用工具			□是　□否	□是　□否
耗材				

（3）用手持式诊断电脑读取电控自动变速器系统故障码，根据读取的故障码确定故障范围。

① 将手持式诊断电脑连接到诊断接口，打开点火开关。　□ 任务完成

② 打开手持式诊断电脑，通过菜单选择或输入通道号的方式进入到电控自动变速器诊断系统的故障码读取项目。　□ 任务完成

③ 将读取的故障码记录下来。

④ 从读取的故障码中推断所存在的故障原因。

⑤ 清除故障码，再次读取故障码，并记录下来。

小提示

如果故障码能够被清除，则说明该故障属于偶发性故障，或者是上一次检修时，维修技师在排除完故障后没有将故障码清除。如果两次都读到了同样的故障码，则说明该故障为永久性故障，若故障不排除，故障码就无法清除。

如果电控自动变速器系统工作不正常，又没有故障码，这种故障不容易进行故障诊断。具体方法可参考相关车型的维修手册。

（4）根据变速器动力传递机构示意图分析 OAM 变速器的组成及原理。

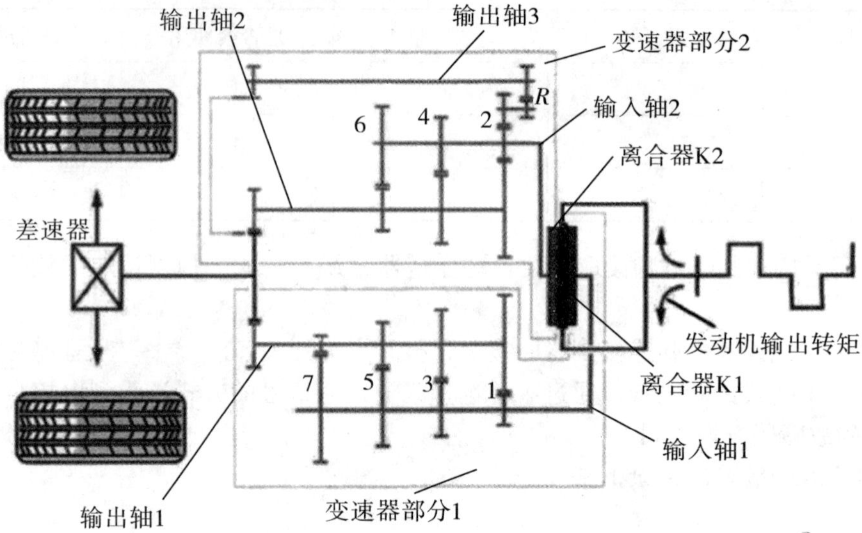

图 1－2　OAM 变速器动力传递机构示意图

① 从图中可以分析 OAM 由哪两个主要部分组成？离合器的分离和结合由谁来控制？

② 变速器部分 1 和变速器部分 2 分别由哪些部件组成？

③ 在车辆行驶过程中，变速器部分以及离合器怎样工作？

④ 参照图 1－3，查阅相关资料，简述离合器调节器的控制方式。

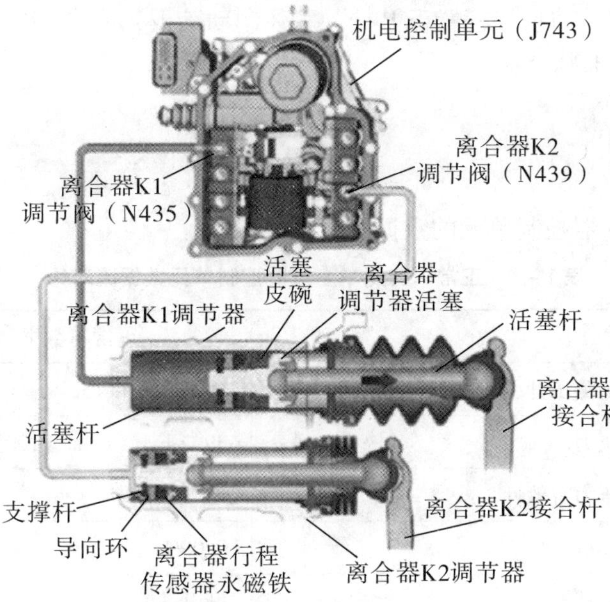

图 1－3　离合器调节器的控制方式

⑤ 参照图 1－4，查阅相关资料，简述机电控制单元液压回路的控制方式。

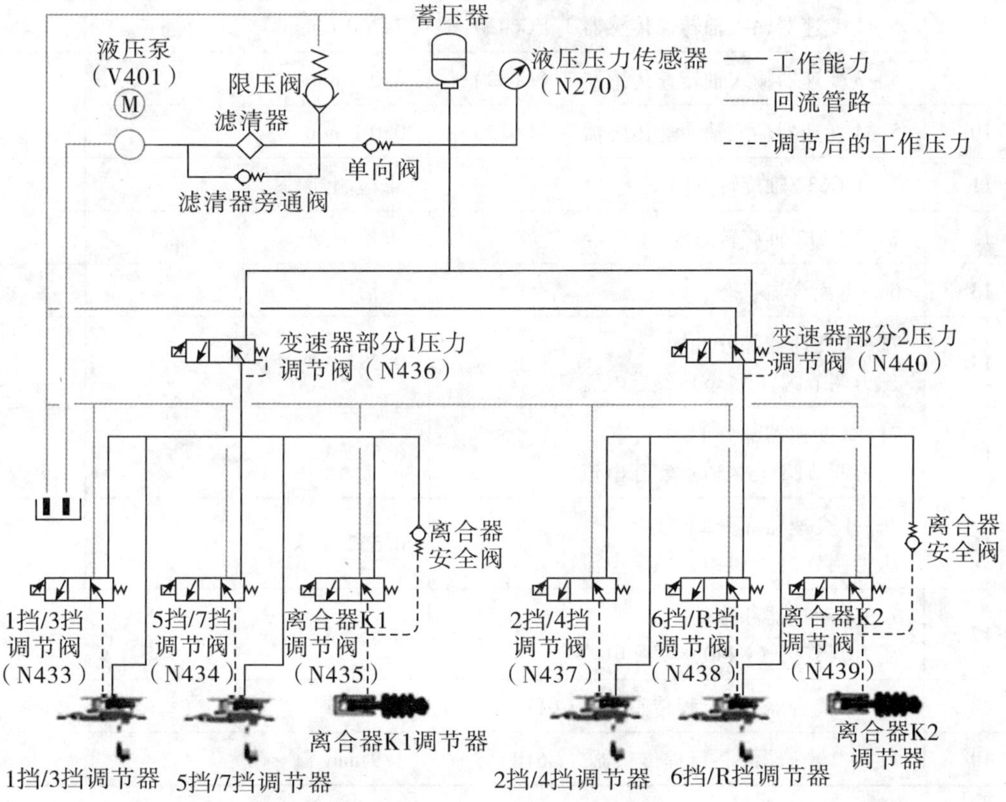

图 1－4　机电控制单元液压控制回路

（5）起动发动机，将换挡杆置于 P 挡，踩住制动踏板，读取 02 – 变速器控制单元的数据流，分析离合器的状态。

① 读取此车变速器控制单元的数据流，见表 1 – 3。

表 1 – 3　正常车与此车变速器控制单元数据流对比

序号	参数	正常车数据	此车数据
1	1 – 2 制动器测试开关	接通	
2	1 – 3 制动压力	39.2 bar（1 bar = 100 kPa）	
3	1 – 4 制动压力有效性	有效	
4	2 – 1 加速踏板	0.00%	
5	2 – 3 强制降挡	断开	
6	2 – 4 怠速	接通	
7	4 – 1 选挡杆（E313）位置	P	
8	5 – 1 变速器输入轴转速传感器 3（G641）	752.0 r/min	
9	5 – 3 变速器输入轴转速传感器 1（G632）	0.0 r/min	
10	5 – 4 变速器输入轴转速传感器 2（G612）	0.0 r/min	
11	7 – 1 G632 轴旋转方向 1	未检测到	
12	7 – 2 G612 轴旋转方向 2	未检测到	
13	66 – 1 离合器状态	激活	
14	71 – 1 变速器部分 1 压力调节阀（N436）额定电流	0.582 A	
15	71 – 2 变速器部分 1 压力调节阀（N436）实际电流	0.582 A	
16	76 – 1 变速器部分 2 压力调节阀（N440）额定电流	0.552 A	
17	76 – 2 变速器部分 2 压力调节阀（N440）实际电流	0.552 A	
18	91 – 2 离合器 K1 行程传感器（G617）	1.7 mm	
19	111 – 2 离合器 K2 行程传感器（G618）	1.9 mm	

② 查阅相关维修手册，用红笔将表 1 – 3 中的此车数据流与正常车数据流不同或相

差范围太大的数据序号标红。

③ 请根据相关资料，逐项分析表 1－3 中与标准值有差异的数据。

④ 根据以上数据流的故障分析，联系之前所读取的故障码，查阅相关维修手册，写出你认为合理的故障原因推断。

小提示

汽车底盘电控系统故障排除，一定要遵循先思后行、先简后繁、由外及里、先查后测、故障码优先但不绝对的基本原则。

⑤ 根据以上分析，按照逻辑顺序排除故障。

◆ 利用 ODIS 或 VAS－PC 对机电控制单元进行基本设定。　□ 任务完成

◆ 连接 ODIS 或 VAS－PC 到车辆。　□ 任务完成

◆ 能否对机电控制单元进行基本设定。　□ 是　□ 否

如果可以进行设定，故障是否能排除？如果不能排除，请写出其他原因。

小提示

OAM 变速器对干式双离合器的控制比较精确，只有离合器行程传感器信号及离合器片间隙在规定的范围内，机电控制单元才能通过基本设定，否则会造成车辆无法行驶或变速器部分动力传递被切断。

⑥ 用专用工具 T10407 将离合器 K2 调节器活塞推杆固定在接合位置，如图 1－5 所示，接通点火开关，缓慢拉动离合器 K2 调节器活塞推杆。

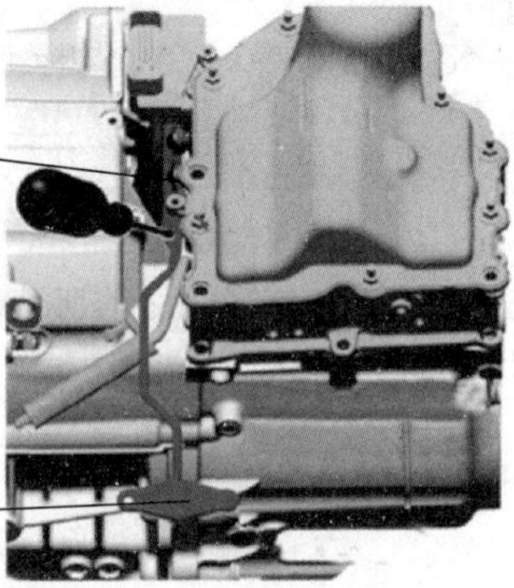

图 1－5　将离合器 K2 调节器活塞推杆固定在接合位置

◆ 读取变速器控制单元数据，观察数据能否随着离合器 K2 调节器活塞推杆的移动而发生变化，如果不能，请说明什么原因。

（6）根据检查结果，更换有故障的电控自动变速器系统元件，并确认电控自动变速器系统可以正常工作。

① 参考维修手册，修理或更换有故障的元件，简要写出维修步骤及注意事项。

② 请根据检查结果，填写正确的维修意见，完成表 1－4。

表 1－4　电控自动变速器系统元件检查结果及维修意见表

元件名称	检查结果	维修意见
离合器行程传感器		
离合器压力调节阀		
离合器 K2 总成		
控制单元（ECU）		
挡位指示灯		
诊断接口		
各线束及连接器		

小提示

在车辆维修工作中，找到故障部位，确定维修意见后，需要征得客户的同意才能进行修复。更换完机电控制单元总成后，需要按照维修手册标准进行基本设定。

③ 清除故障码。 □ 任务完成

④ 路试检查电控自动变速器系统工作是否正常，挡位指示灯是否异常（自检、低速、高速三种工作状态下），请记录。

⑤ 再次读取故障码。 □ 任务完成

小提示

如果系统中仍然存在故障码，则说明故障未被排除。

⑥ 请你确认故障已修复，并签字。 签名：__________

______年______月______日

任务2　大众帕萨特轿车自动变速器换挡冲击故障检修

任务目标

1. 能记录车辆的基本信息及故障症状
2. 能根据维修任务，制订工作计划，并准备设备工具等
3. 能用手持式诊断电脑读取电控自动变速器系统故障码，并根据读取的故障码确定故障范围
4. 能对电控自动变速器系统部件及电路进行检查和维修
5. 能根据检查结果，更换故障部件，并能排除电控自动变速器异响故障
6. 对工作任务完成情况做出评价、反馈和总结

任务描述

某一天，一名大众帕萨特轿车车主来到4S店，向服务顾问（SA）反映，其车辆出现自动变速器换挡冲击的故障，希望得到帮助。SA接车后，将该车辆交付你所在的维修组进行维修作业。

图1－6　大众帕萨特轿车

想一想

请根据你所学到的知识，初步判断该任务的复杂程度，需要运用哪些知识、技能及工具，需要对车辆进行哪些方面的检修以及需要多长时间、多少人来共同协作完成？

任务实施

（1）将车辆的基本信息及故障症状记录在表1－5中。

表 1-5　车辆基本信息及故障记录表

客户姓名		车型与车型年份	
驾驶员姓名		VIN 码	
车辆进厂日期		发动机型号	
车牌号码		里程表读数	km
首次发生故障日期			
产生故障频率	□ 经常发生 □ 有时发生（　　次/天　　次/月） □ 仅有一次		
故障症状	□ 自动变速器不工作		
	□ 自动变速器不能有效工作		
	自动变速器警告灯异常：□ 持续点亮：□ 时亮时灭　□ 不亮		

小提示

帕萨特领驭 2.0 L 车型，行驶里程 1.5×10^5 km，搭载 01N 型 4 速电控自动变速器，用户反映该车变速器存在换挡冲击的故障。路试发现该车存在以下故障：变速器换挡杆位于 D 位行驶时，存在升挡有冲击的现象，且此故障时有时无，当变速器升至最高挡后，车辆行驶完全正常。经仔细试车辨别发现：2～3 挡时冲击感较其他挡位明显。

（2）准备电控自动变速器系统检查维修所需的设备、仪表、工具、耗材等，并在表 1-6 中记录。

表 1-6　设备、工具、耗材准备记录表

名　称	型　号	数　量	是否会使用	是否准备好
数字万用表			□ 是　□ 否	□ 是　□ 否
手持式诊断电脑			□ 是　□ 否	□ 是　□ 否
专用示波器			□ 是　□ 否	□ 是　□ 否
维修手册			□ 是　□ 否	□ 是　□ 否
常用工具			□ 是　□ 否	□ 是　□ 否
专用工具			□ 是　□ 否	□ 是　□ 否
耗材				

（3）用手持式诊断电脑读取电控自动变速器系统故障码，根据读取的故障码确定故障范围。

① 将手持式诊断电脑连接到诊断接口，打开点火开关。 □ 任务完成

② 打开手持式诊断电脑，通过菜单选择或输入通道号的方式进入到电控自动变速器诊断系统的故障码读取项目。 □ 任务完成

③ 将读取的故障码记录下来。

④ 清除故障码，再次读取故障码，并记录下来。

小提示

引起变速器升挡冲击的可能原因有很多，因此，在诊断故障的过程中，必须循序渐进，对自动变速器的各个部位做认真的检查。要在全面检测的基础上，有针对性地进行分解修理，切不可盲目拆修。在没有明确故障性质之前，不可贸然解体变速器，否则会走很多弯路。

⑤ 根据所学知识，写出造成变速器升挡冲击的故障原因主要有哪些，并写出其具体表现。

（4）请根据所提供的自动变速器换挡冲击大的故障诊断与排除程序图，补充图 1－7 中相关内容。

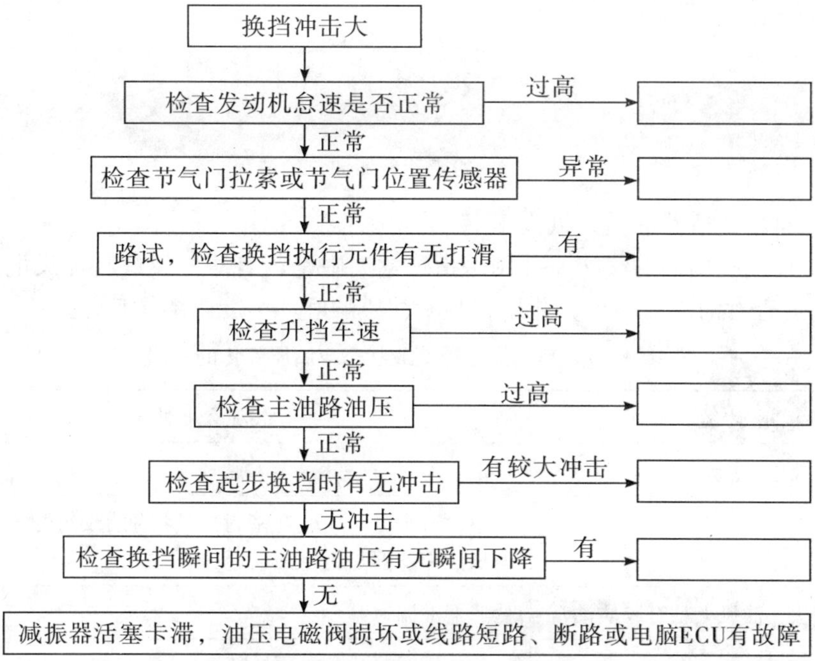

图 1－7　自动变速器换挡冲击大的故障诊断与排除程序图

小提示

在汽车自动变速器工作当中，对换挡品质主要有两方面要求：① 换挡要快速完成，时间尽量控制在 0.4～1.0 s 以内，要求减少由于换挡时间长而导致的制动器、离合器等摩擦元件磨损，减少由于换挡过程中输入功率降低而引起的功率损失；② 在换挡过程中要求尽可能平稳缓慢过渡，以保证车速平顺，没有瞬间的加速和减速，防止对车体造成冲击，使车体震颤，提高驾驶的舒适性，同时减少对底盘的冲击，延长发动机和底盘的使用寿命。

（5）请按照下列流程检查油位与油质。

① 检查自动变速器油位。

◆ 将车辆停放在平坦地面上，拉紧驻车制动器。　　□ 任务完成

◆ 启动发动机并怠速运转。　　□ 任务完成

◆ 踩下制动踏板，并将变速器换挡杆从 P 位拨到 L 位运转，使传动液温度迅速达到 70～80 ℃，然后又拨回 P 位。　　□ 任务完成

◆ 拉出油尺并将其擦拭干净，然后再将油尺全部插入套管中。　　□ 任务完成

◆ 再次将油尺拉出，检查油位是否处于 HOT 范围内，如图 1－8 所示。

□ 任务完成

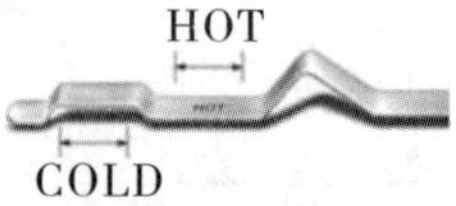

图 1－8　检查变速器油位的油尺

② 检查自动变速器油质，见表 1－7。

◆ 从油尺上嗅出油的气味，并用手指感觉油中是否有渣滓，或将油尺上的油液滴在干净的白纸上查看油液的颜色，并据此判断油质的好坏与能否继续使用。

表 1－7　自动变速器油液状态与油质变化的原因

油液状态	原因及处理方法
透明、呈粉红色	正常
颜色发白、浑浊	油中含有水分。应检查密封件，特别是处于散热器下水室内的油液冷却器是否锈蚀腐烂
黑色、黏稠状、油尺上粘有胶质油膏	变速器油温过高
油液颜色呈深褐色、棕色	油液使用时间过长，更换新油 长期大负荷运转，或某些部件打滑、损坏引起变速器过热
油中含有金属屑或黑色颗粒	离合器片、制动带、单向离合器磨损严重
油液有烧焦味	油温过高、油面过低 油液冷却器、滤清器或管路堵塞
油液从加油管溢出	油面过高 通气塞脏污、堵塞，应进行清洁、疏通

◆ 请根据油液的实际状态参照表 1－7 去判断可能的故障原因及采取相应的处理方法。

小提示

路试发现 2～3 挡时的冲击感较其他换挡位更明显些，是因为自动变速器 2 挡升 3 挡的转换是负荷提升阶段，自动变速器控制单元的调节容易出现问题。之前看到过因为变速器控制单元出现问题导致 2 挡升 3 挡冲击大的故障案例，所以找了一辆无故障同型车的变速器控制单元互换，再次试车，但故障依旧存在。

③ 对电磁阀及线束进行了测量，见图 1－9，请完成表 1－8。

图 1-9　01N 型 4 速电控自动变速器电磁阀总成实物图

表 1-8　电磁阀标准值与测量值对比

电磁阀	标准值	测量值
N88	55 ~ 65 Ω	
N89	55 ~ 65 Ω	
N90	55 ~ 65 Ω	
N91	55 ~ 65 Ω	
N92	55 ~ 65 Ω	
N93	4.5 ~ 6.5 Ω	

小提示

必须在点火开关关闭的情况下进行电阻的测量。

④ 查阅维修手册，分析电磁阀的控制部件及其作用，见图 1-10，并补充表 1-9 中相关内容。

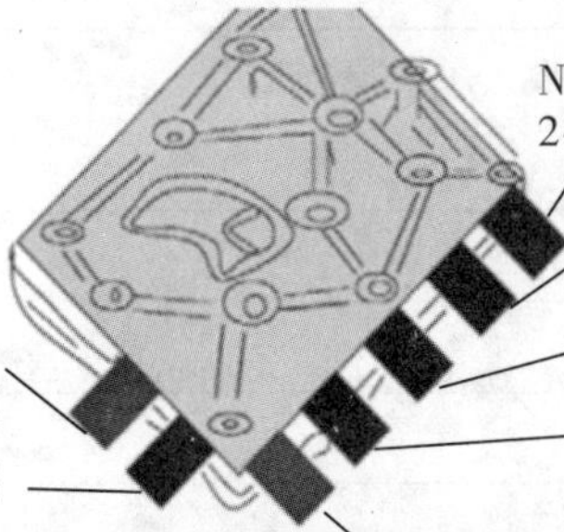

图 1-10　01N 型 4 速电控自动变速器电磁阀总成示意图

表 1－9　电磁阀的控制部件及其作用

电磁阀	控制部件及作用	类型
N88		
N89		
N90		
N91		
N92		
N93		
N94		

⑤ 根据工作原理，从油路上分析故障原因，请写下你的分析结果。

小提示

维修车辆的自动变速器时，因为变速器电磁阀工作性能下降而导致换挡品质下降，故障常常出现，所以在维修此类故障时一定要对电磁阀进行检查。另外，维修人员必须不断学习理论知识并查阅相关资料，仔细观察故障，大胆推断，不断提高维修技术水平。

（6）根据检查结果，更换有故障的电控自动变速器系统元件，并确认电控自动变速器系统可以正常工作。

① 请根据检查结果，填写正确的维修意见，完成表 1－10。

表 1－10　电控自动变速器系统元件检查结果及维修意见表

元件名称	检查结果	维修意见
变速器液压油		
电磁阀传输导线		
电磁阀体		
控制单元（ECU）		
挡位指示灯		
诊断接口		
各线束及连接器		

小提示

在车辆维修工作中，找到故障部位，确定维修意见后，需要征得客户的同意才能进行修复。

② 参考维修手册，更换或修理有故障的元件，简要写出维修步骤及注意事项。

③ 清除故障码。　　□ 任务完成

④ 路试检查电控自动变速器系统工作是否正常，挡位指示灯是否异常（自检、低速、高速三种工作状态下），请记录。

⑤ 再次读取故障码。　　□ 任务完成

小提示

如果系统中仍然存在故障码，则说明故障未被排除。

⑥ 请你确认故障已修复，并签字。　　签名：____________

______年______月______日

任务3　大众帕萨特轿车自动变速器异响故障检修

任务目标

1. 能记录车辆的基本信息及故障症状
2. 能根据维修任务，制订工作计划，并准备设备维修工具等
3. 能用手持式诊断电脑读取电控自动变速器系统故障码，并根据读取的故障码确定故障范围
4. 能对电控自动变速器系统部件及电路进行检查和维修
5. 能根据检查结果更换故障部件，并能排除电控自动变速器异响故障
6. 对工作任务完成情况做出评价、反馈和总结

任务描述

某一天，一名大众帕萨特轿车车主来到4S店，向服务顾问（SA）反映，其车辆出现自动变速器异响的故障，希望得到帮助。SA接车后，将该车辆交付你所在的维修组进行维修作业。

图1－11　大众帕萨特轿车

想一想

请根据你所学到的知识，初步判断该任务的复杂程度，需要运用哪些知识、技能及工具，车辆需要进行哪些方面的检修以及需要多长时间、多少人来共同协作完成？

任务实施

（1）将车辆的基本信息及故障症状记录在表1－11中。

表 1－11　车辆基本信息及故障记录表

客户姓名		车型与车型年份	
驾驶员姓名		VIN 码	
车辆进厂日期		发动机型号	
车牌号码		里程表读数	km
首次发生故障日期			
产生故障频率	□ 经常发生 □ 有时发生（　　次/天　　次/月） □ 仅有一次		
故障症状	□ 电控自动变速器不工作		
	□ 电控自动变速器不能有效工作		
	自动变速器警告灯异常：□ 持续点亮　　□ 不亮		

小提示

某辆帕萨特 1.8 GSI 车型装配着大众 01N 自动变速器，车主反映该车踩制动踏板，入 D 挡或 R 挡时，自动变速器异响很大，松开制动踏板异响消失；平稳行驶时，异响消失；在急加油时，异响尤为明显。

（2）准备电控自动变速器系统检查维修所需的设备、仪表、工具、耗材等，并在表 1－12 中记录。

表 1－12　设备、工具、耗材准备记录表

名　称	型　号	数　量	是否会使用	是否准备好
数字万用表			□ 是　□ 否	□ 是　□ 否
手持式诊断电脑			□ 是　□ 否	□ 是　□ 否
专用示波器			□ 是　□ 否	□ 是　□ 否
维修手册			□ 是　□ 否	□ 是　□ 否
常用工具			□ 是　□ 否	□ 是　□ 否
专用工具			□ 是　□ 否	□ 是　□ 否
耗材				

（3）用手持式诊断电脑读取电控自动变速器系统故障码，根据读取的故障码确定故障范围。

① 将手持式诊断电脑连接到诊断接口，打开点火开关。 □ 任务完成

② 打开手持式诊断电脑，通过菜单选择或输入通道号的方式进入到电控自动变速器诊断系统的故障码读取项目。 □ 任务完成

③ 将读取的故障码记录下来。

④ 清除故障码，再次读取故障码，并记录下来。

小提示

帕萨特 1.8 GSI 车型装配的自动变速器由变扭器、行星齿轮、液压控制系统、电子控制系统、冷却系统等组成，如图 1－12 所示，结构较复杂。由于引起这些异响的部件并不总能够用肉眼看出，因此，诊断、排除异响是自动变速器维修中很大的挑战。根据分析，与自动变速器相关的异响有许多原因，如变扭器、油泵、行星齿轮、轴承、差速器以及装配装车错误等都有可能引起异响。

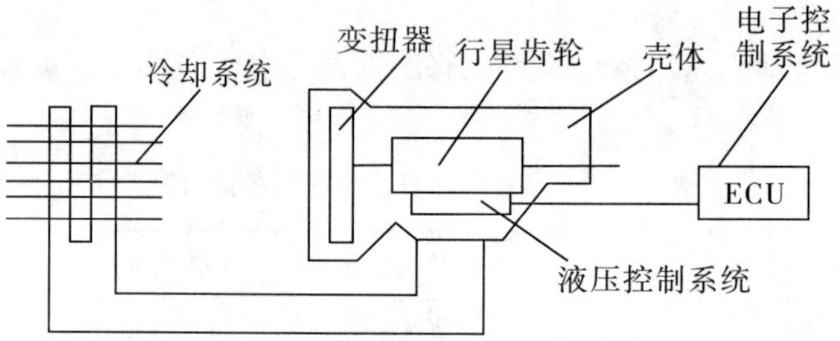

图 1－12 01N 自动变速器结构示意图

（4）检查变扭器异响。

① 在图 1－13 变扭器分解图中箭头处标出各部件名称。

图 1-13　变扭器分解图

② 根据所学知识以及变扭器的工作原理，试分析变扭器在不同挡位存在异响的可能性。

小提示

变扭器异响有可能随着车辆的起步慢慢变小，到平稳行驶时，变扭器内部元件没有相对运动，异响可能消失。

（5）检查油泵异响。01N 自动变速器油泵总成见图 1-14。

图 1-14　01N 自动变速器油泵总成

① 将自动变速器所有挡位都挂入一次，并相应改变发动机的转速，查看异响是否一直都存在。根据所学知识及油泵工作原理，合理解释如果异响存在，则说明什么问题？如果不存在，又说明什么问题？

② 拔掉电磁阀传输导线，调节油泵主油路油压（此时油压最大），查看异响是否随着油泵主油压的变化而变化。如果是，则说明什么问题？否则又说明什么问题？

③ 油泵的异响可能是由于油格堵塞造成的。我们可以用什么工具去判断此种类型的问题？如果是油格堵塞，会出现怎样的现象？

小提示

油泵异响的规律：异响随着压力的变化而变化。

（6）检查行星齿轮机构。

① 在图 1－15 行星齿轮机构分解图中标出各元件名称。

② 根据所学知识及行星齿轮机构工作原理，试分析行星齿轮机构和异响之间的关系。

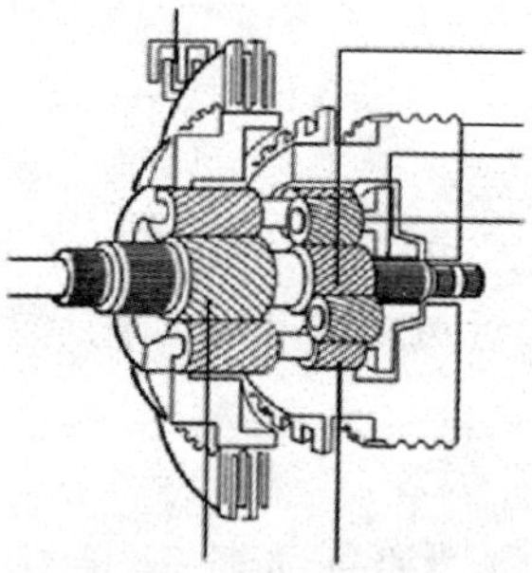

图 1－15　行星齿轮机构分解图

小提示

在分析变速箱异响过程中，有两项原则有助于我们排除故障：① 不产生相对运动的元件不会造成异响（干涉运动）；② 如果异响与负荷、压力有关，当行驶工况引起负荷、压力变化时，异响也会产生变化。

（7）异响故障排除。

① 排除由于装配错误导致的异响。

◆ 检查发动机与自动变速器的连接螺丝是否正常。 □是 □否
◆ 检查自动变速器变扭器连接螺丝是否正常。 □是 □否
◆ 检查自动变速器机脚胶及连接螺丝是否正常。 □是 □否

小提示

装配错误可能刚开始并不会出现很大的异响，但它往往会造成异响进一步的扩大化。

② 根据变速器原理，分析在挂D挡或挂R挡时，变速器的行星齿轮和主减速器（差速器）之间是否存在相对运动？与异响之间是否存在关系？

③ 测量油泵油压，并补充表1－13中空白内容。

表1－13 油泵油压测量数据

01N自动变速器	换挡杆位置			
	D挡（怠速）标准值	D挡（怠速）测量值	R挡（怠速）标准值	R挡（怠速）测量值
油泵/bar	3.4～3.8		5～6	

◆ 油泵主油压压力测量值是否符合正常范围？根据故障现象与油泵的工作原理，判断油泵与异响之间是否存在关系，并给出合理解释。

（8）失速试验。

① 根据以上排除方法以及此车异响的特点，可以初步判断异响来源于变扭器的故障。为了进一步确认故障原因，对变速器做失速试验。

② 参照课本失速试验步骤进行标准操作，查看故障现象，根据所学知识合理解释变扭器与异响之间的关系。

小提示

失速试验注意事项：

带有废气涡轮增压的发动机不能做失速试验；在失速试验中，节气门全开时间不能超过 5 min；再次做失速试验，必须间隔 30 min 以后；对于电子节气门的车辆不能做失速试验；如能准确判断故障的话，尽量不要做失速试验，以免对变速箱造成损伤。

（9）根据检查结果，更换有故障的电控自动变速器系统元件，并确认电控自动变速器系统可以正常工作。

① 请根据检查结果，做出正确的维修意见，完成表 1－14。

表 1－14　电控自动变速器系统元件检查结果及维修意见表

元件名称	检查结果	维修意见
变扭器		
油泵		
行星齿轮		
差速器（主减速器）		
电磁阀及其传输导线		
机脚胶		
连接螺丝		

小提示

在车辆维修工作中，找到故障部位，确定维修意见后，需要征得顾客的同意才能进行修复。

② 参考维修手册，修理或更换有故障的元件，简要写出维修步骤及注意事项。

小提示

变速器结构复杂，诊断故障确实是一个难题。诊断故障时，通过一些特殊的试验，掌握异响的特点，找出不会引起故障的元件，然后把它们一一排除，从而可以有效、迅速找出引起故障的元件。

③ 清除故障码。　　□ 任务完成

④ 路试检查电控自动变速器系统工作是否正常，异响是否存在（自检、低速、高速三种工作状态下），请记录。

⑤ 再次读取故障码。　　□ 任务完成

小提示

如果系统中仍然存在故障码，则说明故障未被排除。

⑥ 请你确认故障已修复，并签字。　　签名：__________

______年______月______日

评估反馈

1. 小组评价——日常表现性评价（由小组长或者小组成员评价）

序号	评估项目	评价结果			
1	工作着装是否规范	□ 优	□ 良	□ 中	□ 差
2	实训任务填写情况	□ 优	□ 良	□ 中	□ 差
3	团队合作情况	□ 优	□ 良	□ 中	□ 差

2. 教师点评

□ 优　　□ 良　　□ 中　　□ 差

教师签名：__________　　______年______月______日

项目二
汽车无级变速器检修

任务1　奥迪轿车无级变速器起步打滑且冲击故障检修

任务目标

1. 能记录车辆的基本信息及故障症状
2. 能根据维修任务，制订工作计划，并准备设备维修工具等
3. 能用手持式诊断电脑读取无级变速器系统故障码，并根据读取的故障码确定故障范围
4. 能对无级变速器系统部件及电路进行检查和维修
5. 能根据检查结果更换故障部件，并能排除无级变速器起步打滑且冲击故障
6. 对工作任务完成情况做出评价、反馈和总结

任务描述

某一天，一名奥迪A6轿车车主来到4S店，向服务顾问（SA）反映，其车辆出现无级变速器系统起步打滑且冲击的故障，希望得到帮助。SA接车后，将该车辆交付你所在的维修组进行维修作业。

图2－1　奥迪A6轿车

想一想

请根据你所学到的知识，初步判断该任务的复杂程度，需要运用哪些知识、技能及工具，车辆需要进行哪些方面的检修以及需要多长时间、多少人来共同协作完成？

任务实施

(1) 将车辆的基本信息及故障症状记录在表 2-1 中。

表 2-1　车辆基本信息及故障记录表

客户姓名		车型与车型年份	
驾驶员姓名		VIN 码	
车辆进厂日期		发动机型号	
车牌号码		里程表读数	km
首次发生故障日期			
产生故障频率	□ 经常发生 □ 有时发生（　　次/天　　次/月） □ 仅有一次		
故障症状	□ CVT 不工作		
	□ CVT 不能有效工作		
	CVT 警告灯异常：□ 持续点亮　□ 不亮		

小提示

奥迪 A6 2.8 车型装置型号为 Multirtonic 01J 的无级变速器（CVT），附设 6 个手动 +/- 转挡功能，即在无级变速系统中预设了 6 个不同传动比率，让驾驶者更能随心所欲地通过推动拨杆来自选传动比率，满足动感驾驶乐趣。

某辆奥迪 A6 2.8 轿车共行驶了约 8×10^4 km，车主反映：

一是该车挂入 D 挡时，松开刹车，不加油，车辆不能行驶；

二是加大油门，车辆有明显的冲击，之后车辆方能行驶；

三是该车挂入 K 挡时，车辆可以正常行驶。

该车变速箱采用了 CVT 无级变速技术，车辆起步应该很平顺，现在出现明显冲击的现象，显然严重影响驾驶舒适性，同时严重影响变速箱使用寿命。

(2) 准备 CVT 系统检查维修所需的设备、仪表、工具、耗材等，并在表 2-2 中记录。

表 2-2 设备、工具、耗材准备记录表

名 称	型 号	数 量	是否会使用	是否准备好
数字万用表			□是 □否	□是 □否
手持式诊断电脑			□是 □否	□是 □否
专用示波器			□是 □否	□是 □否
维修手册			□是 □否	□是 □否
常用工具			□是 □否	□是 □否
专用工具			□是 □否	□是 □否
耗材				

（3）用手持式诊断电脑读取 CVT 系统故障码，根据读取的故障码确定故障范围。

① 将手持式诊断电脑连接到诊断接口，打开点火开关。 □ 任务完成

② 打开手持式诊断电脑，通过菜单选择或输入通道号的方式进入到 CVT 诊断系统的故障码读取项目。 □ 任务完成

③ 将读取的故障码记录下来。

④ 清除故障码，再次读取故障码，并记录下来。

⑤ 读取发动机和变速器的数据流，参考维修手册标准，分析可能的故障原因。

小提示

01J 型 CVT 变速器工作原理请参考课本内容。值得注意的是，在起步的时候，该奥迪车没有像其他车辆一样采用普通变扭器，而是使用了两组离合器（如图 2-2 所示）供启动用（前进离合器负责前进行驶，倒挡离合器负责倒车）。也就是说离合器有两个作用：一是传递动力；二是起步。

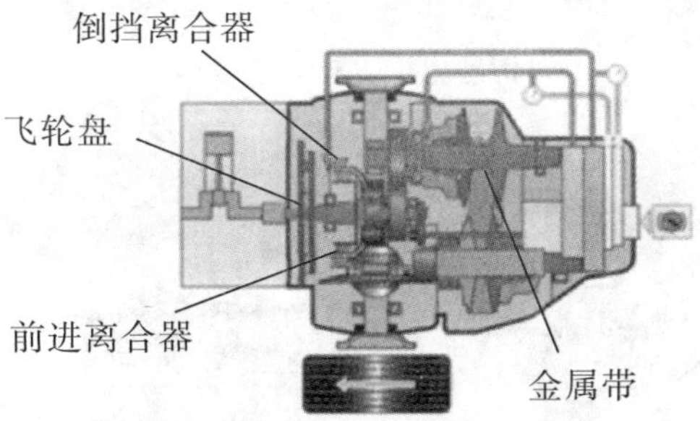

图 2－2　01J 型 CVT 变速器

（4）根据车主描述故障发生在前进挡起步的时候，建议做失速试验：

① 根据自动变速器的失速试验步骤及注意事项，写出无级变速器失速试验的试验步骤及注意事项，如图 2－3 所示。

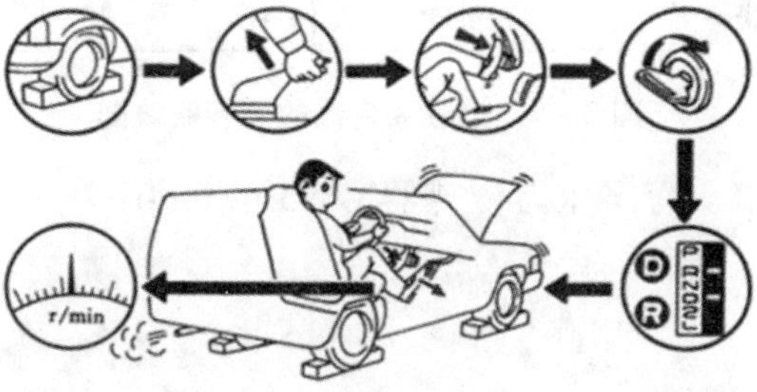

图 2－3　失速试验

② 记录失速试验的数据以及失速试验过程中无级变速器的状况。

③ 查阅维修手册，判断失速试验数据是否符合标准，并判断导致无级变速器出现以上状况的原因。

小提示

如图 2－4 所示，前进离合器的工作过程受到如下三方面影响：一是电子控制系统（电脑、传感器、电磁阀等）；二是液压控制系统（油路板、前进离合器控制阀）；三是前进离合器（活塞密封圈、摩擦片）。

变速器电脑通过相应的参数（发动机转速、变速器输入转速、油门开度、变速器油温等）计算出额定前进离合器压力，并确定压力电磁阀 N215 的控制电流，通过油路板的前进离合器控制阀，控制前进离合器压力，从而控制离合器传递的扭矩。

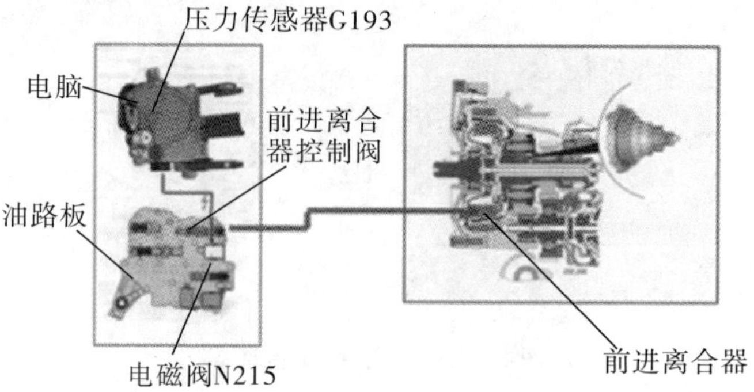

图 2-4　前进离合器的工作过程

④ 完成图 2-5 的前进离合器的控制路线图。

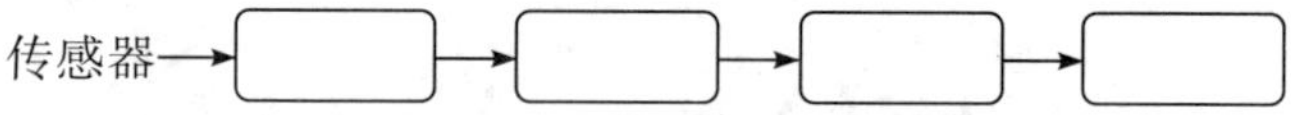

图 2-5　前进离合器的控制路线图

⑤ 根据你所学知识，写出压力传感器 G193 的作用，并试着解释何为电脑“自适应”功能？

（5）请按照下列流程检查无级变速器。

① 检查无级变速器阀体。

◆ 对无级变速器阀体进行解体。　□ 任务完成

◆ 检查电磁阀是否卡滞、损坏。　□ 是　□ 否

◆ 检查前进离合器控制阀是否卡滞、损坏。　□ 是　□ 否

② 拆解前进离合器进行检查，见表 2-3。

表 2-3　前进离合器检查项目

序号	项　目	结　果
1	离合器密封性试验	□ 正常　□ 不正常
2	检查摩擦片	□ 正常　□ 不正常
3	检查离合器活塞	□ 正常　□ 不正常
4	检查离合器密封圈	□ 正常　□ 不正常

③ 根据以上检查结果，可以排除哪些可能导致的故障原因？

小提示

在维修过程中，当排除故障的思路陷入困境时，不能一味地进行换件尝试。要调看车辆以往的维修记录，并及时与车主沟通，弄清以往的故障与实际故障之间的逻辑关系。

（6）从车主处得知，该车曾更换过节气门位置传感器。根据经验，更换节气门位置传感器时，需要对节气门位置传感器进行匹配学习。

① 根据所学知识，试阐述节气门位置传感器信号与变速器系统之间的逻辑关系。

② 查阅维修手册，简要写出奥迪节气门位置传感器匹配学习的方法。

小提示

变速器电脑通过相应的参数（发动机转速、变速器输入转速、油门开度、变速器油温等）计算出额定前进离合器压力，并确定压力电磁阀 N215 的控制电流，控制前进离合器压力。

③ 路试检查无级变速器系统工作是否正常，CVT 警告灯是否异常（自检、低速、高速三种工作状态下），请记录。

④ 请你确认故障已修复，并签字。　　　　签名：____________

______年______月______日

任务2　日产轩逸轿车无级变速器前进挡不升挡故障检修

任务目标

1. 能记录车辆的基本信息及故障症状
2. 能根据维修任务，制订工作计划，并准备设备维修工具等
3. 能用手持式诊断电脑读取无级变速器系统故障码，并根据读取的故障码确定故障范围
4. 能对无级变速器系统部件及电路进行检查和维修
5. 能根据检查结果更换故障部件，并能排除无级变速器前进挡不升挡故障
6. 对工作任务完成情况做出评价、反馈和总结

任务描述

某一天，一名日产轩逸轿车车主来到4S店，向服务顾问（SA）反映，其车辆出现无级变速器前进挡不升挡的故障，希望得到帮助。SA接车后，将该车辆交付你所在的维修组进行维修作业。

图2-6　日产轩逸轿车

想一想

请根据你所学到的知识，初步判断该任务的复杂程度，需要运用哪些知识、技能及工具，需要对车辆进行哪些方面的检修以及需要多长时间、多少人来共同协作完成？

任务实施

（1）将车辆的基本信息及故障症状记录在表2-4中。

表 2-4　车辆基本信息及故障记录表

客户姓名		车型与车型年份	
驾驶员姓名		VIN 码	
车辆进厂日期		发动机型号	
车牌号码		里程表读数	km
首次发生故障日期			
产生故障频率	□ 经常发生 □ 有时发生（　　次/天　　次/月） □ 仅有一次		
故障症状	□ CVT 不工作		
	□ CVT 不能有效工作		
	CVT 警告灯异常：□ 持续点亮　　□ 不亮		

小提示

该车为 2008 年生产的东风日产轩逸 2.0 XL，该车型配备型号为 RE0F10A 的 CVT 变速器，行驶里程为 6.5×10^4 km，出现发动机转速高、车速跑不起来的现象。

（2）准备 CVT 系统检查维修所需的设备、仪表、工具、耗材等，并在表 2-5 中记录。

表 2-5　设备、工具、耗材准备记录表

名　称	型　号	数　量	是否会使用	是否准备好
数字万用表			□ 是　□ 否	□ 是　□ 否
手持式诊断电脑			□ 是　□ 否	□ 是　□ 否
专用示波器			□ 是　□ 否	□ 是　□ 否
维修手册			□ 是　□ 否	□ 是　□ 否
常用工具			□ 是　□ 否	□ 是　□ 否
专用工具			□ 是　□ 否	□ 是　□ 否
耗材				

（3）用手持式诊断电脑读取 CVT 系统故障码，根据读取的故障码确定故障范围。

① 将手持式诊断电脑连接到诊断接口，打开点火开关。　　□ 任务完成

② 打开手持式诊断电脑，通过菜单选择或输入通道号的方式进入到CVT诊断系统的故障码读取项目。

□ 任务完成

③ 将读取的故障码记录下来。

④ 清除故障码，再次读取故障码，并记录下来。

小提示

如果故障码能够被清除，则说明该故障属于偶发性故障，或者是上一次检修时，维修技师在排除完故障后没有将故障码清除。如果两次都读到了同样的故障码，则说明该故障为永久性故障，若故障不排除，该故障码就无法清除。

（4）请按照下列流程对无级变速器进行初步检查。

① 检查ATF液位、油质。

◆ ATF液位是否符合标准。 □ 是 □ 否

◆ ATF油质是否良好。 □ 是 □ 否

② 检查各传感器、执行器插头及线路。

◆ 插头是否连接良好。 □ 是 □ 否

◆ 拔出插接器观察是否有锈蚀、松动。 □ 是 □ 否

◆ 传感器、执行器外壳是否损坏。 □ 是 □ 否

◆ 传感器、执行器安装情况是否良好。 □ 是 □ 否

◆ 换挡杆是否灵活到位。 □ 是 □ 否

◆ 挡位指示灯是否对应正确。 □ 是 □ 否

◆ 线路是否损坏。 □ 是 □ 否

③ 测量无级变速器管路压力，见表2－6。

表2－6 无级变速器管路压力

发动机	发动机转速	标准管路压力/kPa（bar，kg/cm^2）	实际测量管路压力
MR20DE	在怠速时	750（7.50，7.65）	
	失速	5 700（57.00，58.14）	

小提示

试车发现该车入挡平顺，倒挡正常，D 挡故障现象如车主所述，起步较正常，但随着油门逐渐增大，发动机 3 000 r/min 时也只有约 20 km/h，转速与车速显然不符合换挡速比表，继续加大油门后有发动机断油保护现象。本车的换挡速比见表 2－7。

表 2－7　换挡速比

发动机型号	节气门位置	换挡模式	发动机转速（r/min）	
			在 40 km/h	在 60 km/h
MR20DE	8/8	“D”挡	3 500 ~ 4 300	4 600 ~ 5 400
		运动模式	3 500 ~ 4 300	4 600 ~ 5 400
		“L”挡	3 500 ~ 4 300	4 600 ~ 5 400
	2/8	“D”挡	1 400 ~ 2 300	1 600 ~ 2 500
		运动模式	2 200 ~ 3 000	2 800 ~ 3 600
		“L”挡	3 500 ~ 4 300	4 100 ~ 4 900

注意：在车速为 18 km/h 至 90 km/h 时，锁止离合器结合。

（5）排查机械和液压系统的故障。

RE0F10A 是一台具有变矩器、使用钢带和带轮实现变速的无级变速器。N 挡、D 挡和 R 挡的换挡原理如图 2－7 所示。

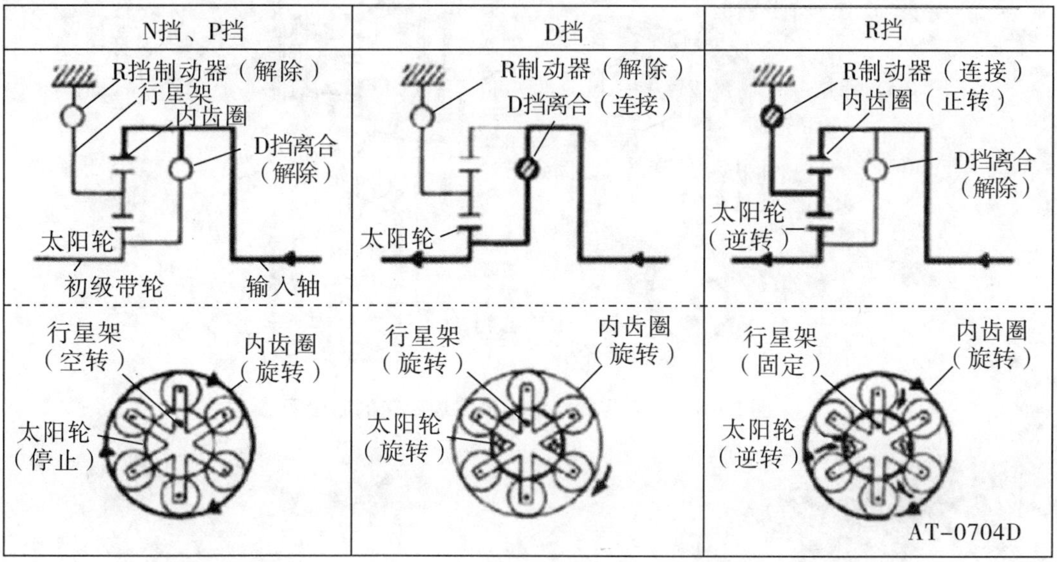

图 2－7　N 挡、P 挡、D 挡、R 挡的换挡原理图

① 请根据图 2-7，写出该变速器由哪些部件组成。

② 发动机动力经过变矩器的涡轮输入到输入轴，行星齿轮组的齿圈与输入轴是相对固定的，太阳轮是将动力输出到初级带轮的元件。

◆ N 挡和 P 挡时，各元件如何配合实现工作？

◆ D 挡时，各元件如何配合实现工作？

◆ R 挡时，各元件如何配合实现工作？

③ D 挡的换挡原理。

RE0F10A 的 D 挡由初级带轮和次级带轮改变与钢带的接触直径可实现减速比 2.34～0.39 的无级变速，如图 2-8、图 2-9 所示。

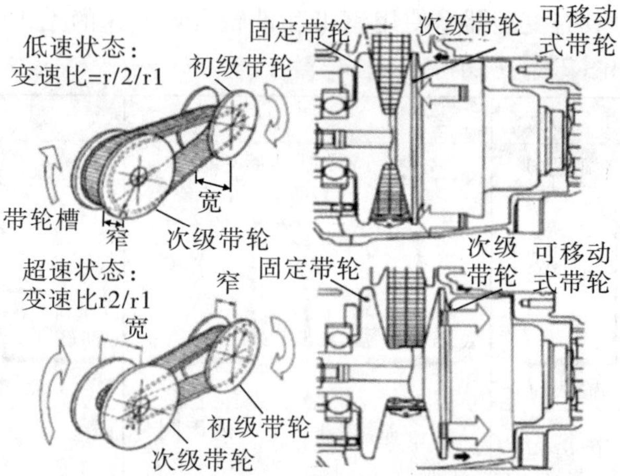

图 2-8　改变带轮接触半径实现变速的原理图

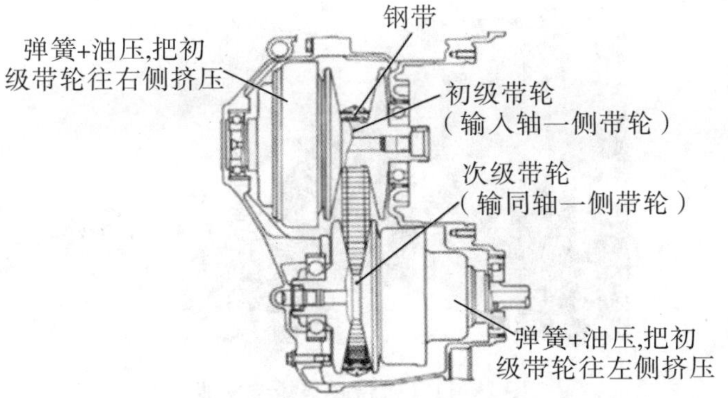

图 2－9　初级带轮和次级带轮的直径控制原理

RE0F10A 升降挡控制由 TCM 根据目标速比发出指令，控制一套位于阀体上的步进马达和电磁阀，通过相应滑阀调制出初级和次级带轮油压，进而改变带轮与钢带的接触直径实现变速。参见图 2－10 RE0F10A 的换挡控制组件。

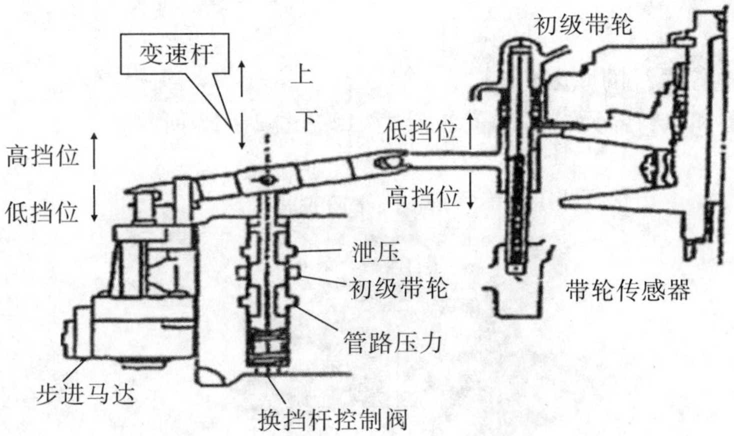

图 2－10　RE0F10A 的换挡控制组件

升挡过程：

◆ TCM 根据目标速比，驱动步进马达转动，向上推动马达轴到一定高度。

◆ 马达轴通过变速杆左侧提升换挡控制阀。

◆ 管路油压经过换挡控制阀的调节后供给初级带轮油缸。

◆ 在油缸内油压和弹簧力作用下，油缸侧的初级带轮向固定带轮方向运动，使带轮的槽宽变窄；由于钢带不可压缩和拉长，将向外滑向初级带轮较大的半径处；次级带轮带槽两侧受到钢带的作用力，次级带轮控制电磁阀控制次级带轮油缸内的油压，当次级带轮油压和钢带的作用力达到平衡后变速停止，变速比被固定下来。由于初级带轮半径变大，次级带轮半径变小，实现增速（升挡）。

反馈控制：

◆ 在回位弹簧作用下，（机械式）带轮传感器（见图 2－11）随初级带轮一起向下移动。

图 2－11　机械式带轮传感器

◆ 借助变速杆，换挡控制阀向下移动（此时步进马达固定）。
◆ 变速杆控制阀通向初级带轮的油路保持一定开度。

④ 结合以上分析，其 D 挡不升挡的原因可能有：

（6）排除电控系统的原因。

该车传感器和执行器元器件位置如图 2－12、图 2－13 所示。

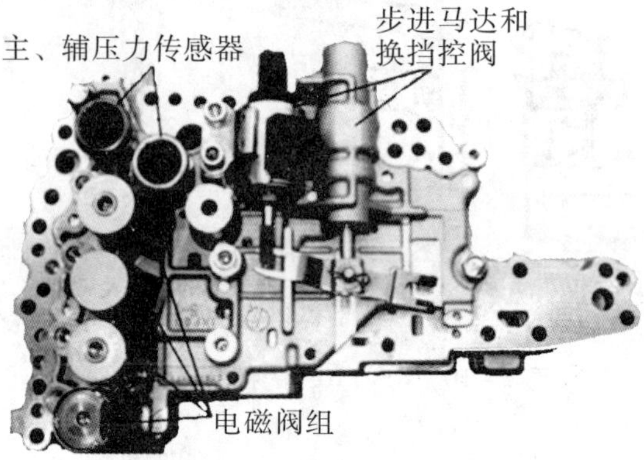

图 2－12　元件位置图 A

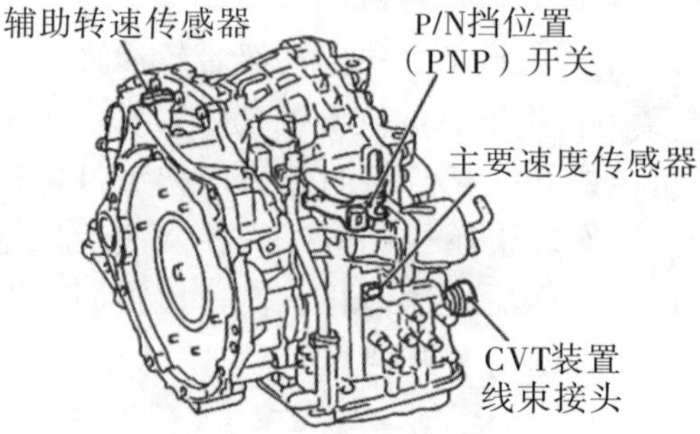

图 2－13　元件位置图 B

该车 CVT 控制单元与发动机控制单元 ECM、ABS 控制单元、车身控制单元 BCM、仪表控制单元均通过 CAN－BUS 通信。电路方面导致不升挡的常见原因有加速踏板位置传感器信号过大、车轮转速传感器信号过小、挡位开关信号出错、电磁阀线路问题或卡滞、转速传感器故障、电控单元损坏等。

① 检查主、辅压力传感器，见表 2－8。

表 2－8　检查项目

项　目	标准电阻	实际测量电阻	结　果
主压力传感器	40～50 kΩ		□ 正常　□ 不正常
辅压力传感器	40～50 kΩ		□ 正常　□ 不正常

◆ 针对以上测量结果，需采取什么措施进行维修?

② 读取数据流，见表 2－9。

表 2－9　数据流

项　目	状态（数据）	结　果
换挡信号与所处挡位		□ 正常　□ 不正常
油门踏板位置传感器		□ 正常　□ 不正常
ABS 控制单元车速信号		□ 正常　□ 不正常
减速比		□ 正常　□ 不正常
油压传感器		□ 正常　□ 不正常
初级带轮转速		□ 正常　□ 不正常
次级带轮转速		□ 正常　□ 不正常

◆ 针对读取数据流结果，需采取什么措施进行维修?

小提示

采取维修措施时，可参考维修手册中转速传感器数值，如表 2－10 所示。

表 2－10　主、辅转速传感器标准数值

名　称	状　态	数据（近似值）
主转速传感器	以 L 挡行驶时（20 km/h）	890 Hz
辅转速传感器	以 D 挡行驶时（20 km/h）	460 Hz

③ 检查初级、次级带轮传感器。

◆ 测量传感器插头供电、信号和搭铁线路，见表 2－11。

表 2－11　测量传感器

项　目	供电	信号	搭铁	结　果
初级带轮转速传感器				□ 正常　□ 不正常
次级带轮转速传感器				□ 正常　□ 不正常

◆ 就车检测传感器信号。

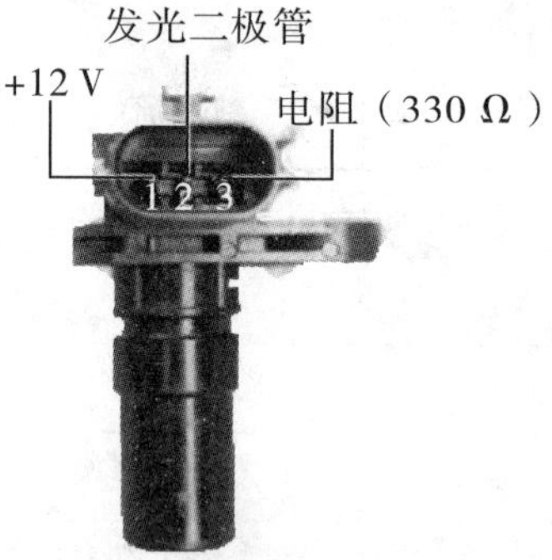

图 2－14　转速传感器的就车检测

◆ 将 LED 试灯连接到线束插头后端信号线内，如图 2－14 所示。LED 试灯能否点亮？若能，则说明什么问题？若不能，又说明什么问题？

◆ 用磁棒检查传感器信号变化。　□ 任务完成

◆ 用磁棒在传感器头部缓慢掠过，检查信号是否变化？若有，则说明什么问题？若否，又说明什么问题？

小提示

查阅维修手册，该变速器初级带轮和次级带轮转速传感器失效的保护功能如下：

1. 次级带轮转速传感器：当 TCM 接收到次级带轮转速传感器的异常信号时，可进行与油门开度所对应的变速，另外，在这种情况下，手动模式功能被禁止，按照 D 挡模式进行控制。

2. 初级带轮转速传感器：当 TCM 接收到初级带轮转速传感器的异常信号时，会通过油门开度与次级带轮转速（车速）进行变速控制。另外，在这种情况下，手动模式功能被禁止，按照 D 挡模式进行控制。

（7）由于 ATF 有焦臭味，需要对无级变速器进行拆检。

① 根据所学知识，查阅维修手册，简述拆解无级变速器的主要步骤及注意事项。

② 根据检查结果，写出对损坏部件的维修措施。

小提示

经过全国自动变速器维修行业统计，轩逸使用的 RE0F10A CVT 变速器 D 挡最下面的钢片过薄易损坏；行星架行星齿轮轴较小，如图 2－15 所示，较易损坏；霍尔转速传感器也是容易出问题的地方，有相关报道认为是与插头处进水腐蚀相关。

我们在维修该款自动变速器时就要多注意这些方面的机械是否已经出现故障，同时要善于利用诊断仪的数据流来进行诊断。

图 2－15　RE0F10A 的行星架

（8）根据检查结果，更换有故障的 CVT 系统元件，并确认 CVT 系统可以正常工作。

① 请根据检查结果，填写正确的维修意见，完成表 2－12。

表 2－12　CVT 系统元件检查结果及维修意见表

元件名称	检查结果	维修意见
转速传感器		
压力传感器		
摩擦片、钢片		
CVT 控制单元（ECU）		
CVT 警告灯		
诊断接口		
各线束及连接器		

小提示

在车辆维修工作中，找到故障部位，确定维修意见后，需要征得客户的同意才能进行修复。

② 参考维修手册，修理或更换有故障的元件，简要写出维修步骤及注意事项。

③ 清除故障码。　□ 任务完成

④ 路试检查 CVT 系统工作是否正常，CVT 警告灯是否异常（自检、低速、高速三种工作状态下），请记录。

⑤ 再次读取故障码。　□ 任务完成

小提示

如果系统中仍然存在故障码，则说明故障未被排除。

⑥ 请你确认故障已修复，并签字。　签名：________

________年________月________日

评估反馈

1. 小组评价——日常表现性评价（由小组长或者小组成员评价）

序号	评估项目	评价结果
1	工作着装是否规范	□优　□良　□中　□差
2	实训任务填写情况	□优　□良　□中　□差
3	团队合作情况	□优　□良　□中　□差

2. 教师点评

□优　□良　□中　□差

教师签名：________________　______年______月______日

项目三

汽车电控双离合器自动变速器检修

任务1　大众速腾轿车双离合器自动变速器换挡冲击故障检修

任务目标

1. 能记录车辆的基本信息及故障症状
2. 能根据维修任务，制订工作计划，并准备设备维修工具等
3. 能用手持式诊断电脑读取双离合器自动变速器系统故障码，并根据读取的故障码确定故障范围
4. 能对双离合器自动变速器系统部件及电路进行检查和维修
5. 能根据检查结果更换故障部件，并能排除双离合器自动变速器换挡冲击故障
6. 对工作任务完成情况做出评价、反馈和总结

任务描述

某一天，一名大众速腾轿车车主来到4S店，向服务顾问（SA）反映，其车辆出现双离合器自动变速器换挡冲击的故障，希望得到帮助。SA 接车后，将该车辆交付你所在的维修组进行维修作业。

图3－1　大众速腾轿车

想一想

请根据你所学到的知识，初步判断该任务的复杂程度，需要运用哪些知识、技能及工具，车辆需要进行哪些方面的检修以及需要多长时间、多少人来共同协作完成？

任务实施

（1）将车辆的基本信息及故障症状记录在表 3－1 中。

表 3－1　车辆基本信息及故障记录表

<table>
<tr><td>客户姓名</td><td colspan="2"></td><td>车型与车型年份</td><td></td></tr>
<tr><td>驾驶员姓名</td><td colspan="2"></td><td>VIN 码</td><td></td></tr>
<tr><td>车辆进厂日期</td><td colspan="2"></td><td>发动机型号</td><td></td></tr>
<tr><td>车牌号码</td><td colspan="2"></td><td>里程表读数</td><td>km</td></tr>
<tr><td>首次发生故障日期</td><td colspan="4"></td></tr>
<tr><td>产生故障频率</td><td colspan="4">□ 经常发生
□ 有时发生（　　次/天　　次/月）
□ 仅有一次</td></tr>
<tr><td rowspan="3">故障症状</td><td colspan="4">□ DSG 不工作</td></tr>
<tr><td colspan="4">□ DSG 不能有效工作</td></tr>
<tr><td colspan="4">DSG 警告灯异常：□ 持续点亮　　□ 不亮</td></tr>
</table>

小提示

该车型配置 1.4 T 发动机（EA111）、OAM 变速器（7 速 DSG），行驶里程为 1.19×10^5 km，车主反映车辆在 D 挡行驶过程中，换挡不平顺，升挡及降挡瞬间有较严重的冲击现象。

（2）准备 DSG 系统检查维修所需的设备、仪表、工具、耗材等，并在表 3－2 中记录。

表 3－2　设备、工具、耗材准备记录表

名　称	型　号	数　量	是否会使用	是否准备好
数字万用表			□是　□否	□是　□否
手持式诊断电脑			□是　□否	□是　□否
专用示波器			□是　□否	□是　□否
维修手册			□是　□否	□是　□否
常用工具			□是　□否	□是　□否

续上表

名　称	型　号	数　量	是否会使用	是否准备好
专用工具			□是　□否	□是　□否
耗材				

（3）用手持式诊断电脑读取 DSG 系统故障码，根据读取的故障码确定故障范围。

① 将手持式诊断电脑连接到诊断接口，打开点火开关。　□ 任务完成

② 打开手持式诊断电脑，通过菜单选择或输入通道号的方式进入到 DSG 诊断系统的故障码读取项目。　□ 任务完成

③ 将读取的故障码记录下来。

④ 清除故障码，再次读取故障码，并记录下来。

小提示

众所周知，双离合器自动变速器是通过“预挂挡”及“两个离合器交替接合与断开”来实现自动换挡的。

如果离合器 K1 及离合器 K2 有问题，可能导致换挡冲击等换挡品质故障，所以本车的故障处理从一开始就围绕着双离合器展开了。车间维修人员先后更换了双离合器总成及机电控制单元（滑阀箱）总成，但故障一直无法排除。由于与离合器相关的执行元件及控制元件全都更换了，故障处理一度陷入僵局。

（4）进一步分析“离合器达到公差极限，机械故障，偶发”这一自诊断故障信息含义。

① OAM 变速器的双离合器结构及控制简图见图 3－2。

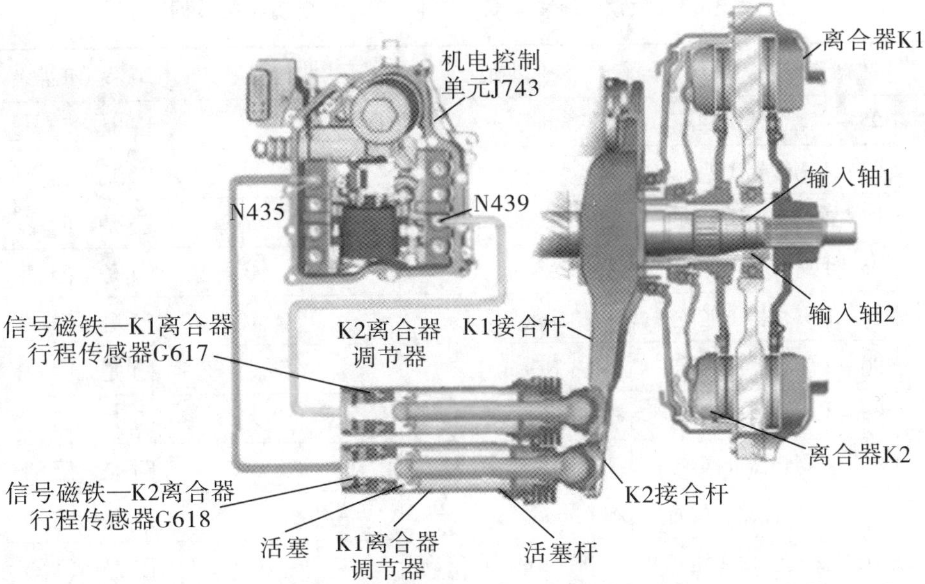

图 3-2　OAM 变速器的双离合器结构及控制简图

◆ 请根据 OAM 变速器的双离合器结构及控制简图，写出其工作过程及原理。

◆ 根据所学知识及 OAM 变速器控制原理，判断可能产生离合器达到公差极限这一故障的原因。

小提示

在实际维修中可以通过变速器控制单元的第 95 组、96 组的数据值查看离合器 K1 的“间隙—扭矩”匹配值，通过第 115 组、116 组数据值查看离合器 K2 的“间隙—扭矩”匹配值。

② 读取大众速腾轿车离合器 K1、K2 匹配值相关数据，完成表 3-3。

表 3-3 大众速腾轿车离合器 K1、K2 匹配值相关数据

数据流定义		标准值	测量值	结果（正常）
离合器 K1 匹配值	95-1 离合器 1 匹配	5.4 mm		□是 □否
	95-2 离合器 1 匹配	0.0 N·m		□是 □否
	95-3 离合器 1 匹配	8.6 mm		□是 □否
	95-4 离合器 1 匹配	15.8 N·m		□是 □否
	96-1 离合器 1 匹配	14.8 mm		□是 □否
	96-2 离合器 1 匹配	84.8 N·m		□是 □否
	96-3 离合器 1 匹配	23.2 mm		□是 □否
	96-4 离合器 1 匹配	219.6 N·m		□是 □否
离合器 K2 匹配值	115-1 离合器 2 位置 0	8.6 mm		□是 □否
	115-2 离合器 2 扭矩 0	0.0 N·m		□是 □否
	115-3 离合器 2 位置 1	10.9 mm		□是 □否
	115-4 离合器 2 扭矩 1	15.0 N·m		□是 □否
	116-1 离合器 2 位置 2	18.2 mm		□是 □否
	116-2 离合器 2 扭矩 2	104.4 N·m		□是 □否
	116-3 离合器 2 位置 3	23.8 mm		□是 □否
	116-4 离合器 2 扭矩 3	219.6 N·m		□是 □否

③ 针对表 3-3 的测量结果，写出你的维修措施。

（5）请按照下列流程检查 DSG 控制单元。

① 检查 DSG 控制单元线束插头安装是否正确，外观是否完好。

◆ 插头是否连接良好。 □是 □否

◆ 拔出插接器观察是否有锈蚀、松动。 □是 □否

② 检查 DSG 变速器控制单元的软件程序信息是否正确。 □是 □否

小提示

DSG 变速器控制单元的软件程序信息如下：

软件零件号：OAM300048L

参数设置名称：v0693x59OAM_ getriebe_ DSG_ OJ3x.

③ 检查蓄电池电压是否正常。　　□是　□否

④ 检查DSG控制单元的电源与接地是否正常。

◆ 打开点火开关，检查DSG控制单元的电源端子与接地端子之间的电压是否在正常范围内。　　□是　□否

◆ 如果检测的电压不在正常范围内，请分别检查电源电路和接地电路是否断路、对地短路、线间短路，记录检测结果。

小提示

OAM变速器的机电控制单元（如图3-3所示）集成了各种传感器、插装式电磁阀、液压控制组件、变速器控制单元等。在其外部只有1个传感器：变速器输入转速传感器G641，而且在更换机电控制单元总成时一并全部更换，所以传感器本身有问题的可能性非常低。

图3-3　OAM机电控制单元

（6）行驶中读取DSG变速器的动态数据流。

① 试画出第5组1区的变速器输入转速传感器G641的转速信号与第5组2区的CAN总线传递的发动机转速传感器G28的信号波形，如图3-4所示。

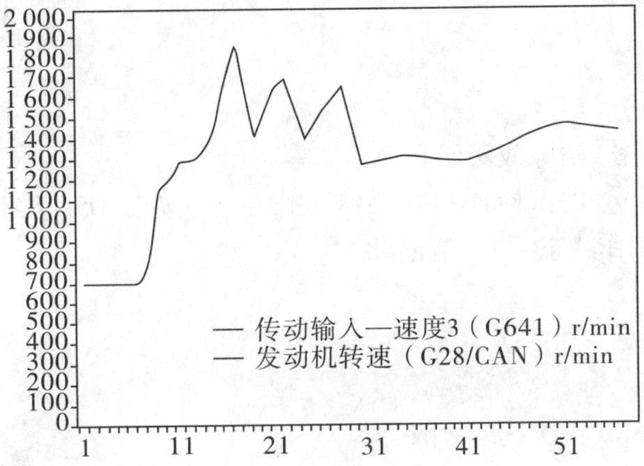

图3-4　正常车转速信号波形

② 请根据所画的波形与正常车转速信号波形进行对比，试分析存在这种故障的原因。

（7）根据检查结果，更换有故障的 DSG 系统元件，并确认 DSG 系统可以正常工作。

① 请根据检查结果，填写正确的维修意见，完成表 3－4。

表 3－4　DSG 系统元件检查结果及维修意见表

元件名称	检查结果	维修意见
滑阀箱总成		
离合器总成		
飞轮总成		
DSG 控制单元（ECU）		
DSG 警告灯		
诊断接口		
各线束及连接器		

小提示

在车辆维修工作中，找到故障部位，确定维修意见后，需要征得客户的同意才能进行修复。

② 参考维修手册，修理或更换有故障的元件，简要写出维修步骤及注意事项。

③ 清除故障码。　　□ 任务完成

④ 路试检查 DSG 系统工作是否正常，DSG 警告灯是否异常（自检、低速、高速三种工作状态下），请记录。

⑤ 再次读取故障码。　　□ 任务完成

小提示

如果系统中仍然存在故障码，则说明故障未被排除。

⑥ 请你确认故障已修复，并签字。　　签名：______________

______年______月______日

任务2　大众迈腾轿车双离合器自动变速器D挡无法自动换挡故障检修

任务目标

1. 能记录车辆的基本信息及故障症状
2. 能根据维修任务，制订工作计划，并准备设备维修工具等
3. 能用手持式诊断电脑读取双离合器自动变速器系统故障码，并根据读取的故障码确定故障范围
4. 能对双离合器自动变速器系统部件及电路进行检查和维修
5. 能根据检查结果更换故障部件，并能排除双离合器自动变速器D挡无法自动换挡故障
6. 对工作任务完成情况做出评价、反馈和总结

任务描述

某一天，一名大众迈腾轿车车主来到4S店，向服务顾问（SA）反映，其车辆出现双离合器自动变速器D挡无法自动换挡的故障，希望得到帮助。SA接车后，将该车辆交付你所在的维修组进行维修作业。

图3-5　大众迈腾轿车

想一想

请根据你所学到的知识，初步判断该任务的复杂程度，需要运用哪些知识、技能及工具，车辆需要进行哪些方面的检修以及需要多长时间、多少人来共同协作完成？

任务实施

（1）将车辆的基本信息及故障症状记录在表3－5中。

表3－5　车辆基本信息及故障记录表

客户姓名		车型与车型年份	
驾驶员姓名		VIN码	
车辆进厂日期		发动机型号	
车牌号码		里程表读数	km
首次发生故障日期			
产生故障频率	□ 经常发生 □ 有时发生（　　次/天　　次/月） □ 仅有一次		
故障症状	□ DSG不工作		
	□ DSG不能有效工作		
	DSG警告灯异常：□ 持续点亮　□ 不亮		

小提示

该车为大众迈腾B 71车型，配置1.8 TSI（CEA）发动机、7速DSG变速器（OAM），行驶里程为1.83×10^4 km。车主反映车辆在D挡行驶时无法自动换挡，变速器只能以2挡应急行驶。故障现象偶尔出现。出现故障后，如果关闭发动机后重新启动，则故障现象可以消失。

（2）准备DSG系统检查维修所需的设备、仪表、工具、耗材等，并在表3－6中记录。

表3－6　设备、工具、耗材准备记录表

名　称	型　号	数　量	是否会使用	是否准备好
数字万用表			□是　□否	□是　□否
手持式诊断电脑			□是　□否	□是　□否
专用示波器			□是　□否	□是　□否
维修手册			□是　□否	□是　□否

续上表

名　称	型　号	数　量	是否会使用	是否准备好
常用工具			□是　□否	□是　□否
专用工具			□是　□否	□是　□否
耗材				

（3）用手持式诊断电脑读取 DSG 系统故障码，根据读取的故障码确定故障范围。

① 将手持式诊断电脑连接到诊断接口，打开点火开关。　□ 任务完成

② 打开手持式诊断电脑，通过菜单选择或输入通道号的方式进入到 DSG 诊断系统的故障码读取项目。　□ 任务完成

③ 将读取的故障码记录下来。

④ 清除故障码，再次读取故障码，并记录下来。

⑤ 请根据故障码，判断可能出现的故障原因，并记录下来。

小提示

1～3 挡换挡拨叉位置传感器与机电控制单元（滑阀箱）制成一体。机电控制单元通过活塞推动换挡拨叉移动，拨叉带动同步器齿毂进行挡位选择。传感器 G488 负责将换挡拨叉的实际位置信息传递给变速器控制单元，变速器控制单元依据此信号对换挡拨叉进行闭环控制。该传感器的布置方式如图 3－6、图 3－7 所示。

图 3－6　换挡拨叉位置传感器位置 1

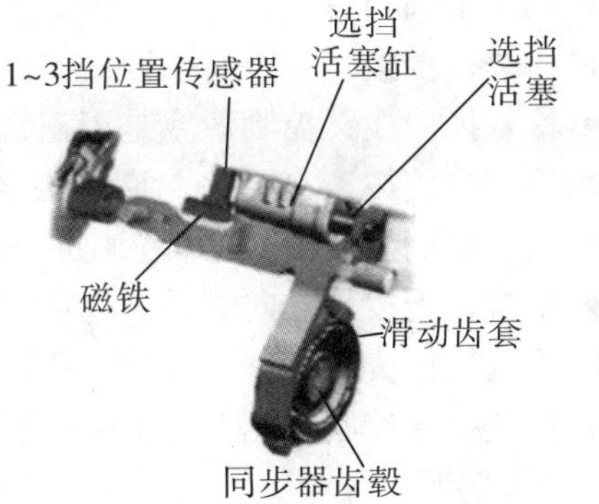

图 3－7　换挡拨叉位置传感器 2

（4）分析发生故障时变速器的状态参数。

① 请读取数据流，完成表 3－7。

表 3－7　发生故障时变速器的状态参数

测量项目	标准值	测量值	结果（正常）
系统供油压力	约 4 850 kPa		□是　□否
换挡拨叉处于 1 挡位置	8 ~9 mm		□是　□否
换挡拨叉处于空挡位置	约－0. 2 mm		□是　□否
换挡拨叉处于 3 挡位置	－9 ~ －8 mm		□是　□否

② 请根据表 3－7 中的测量值与标准值，并联系变速器在 D 挡行驶时无法正常换挡的故障现象，判断出现“换挡执行器 1 ~3 的实际位置值：4. 5 mm”数据的原因。

③ 试分析可能导致换挡拨叉位置错误的原因，并记录下来。

④ 检查换挡拨叉，换挡拨叉控制活塞如图 3－8 所示。

图 3－8　换挡拨叉控制活塞

◆ 拆下滑阀箱总成。　□ 任务完成

◆ 检查换挡拨叉是否有锈蚀或卡滞现象。　□ 是　□ 否

◆ 检查换挡拨叉控制活塞是否正常。　□ 是　□ 否

◆ 检查换挡拨叉 O 形密封圈是否老化或损坏。　□ 是　□ 否

◆ 检查换挡拨叉油封是否老化或损坏。　□ 是　□ 否

◆ 检查换挡拨叉导向套是否老化或损坏。　□ 是　□ 否

◆ 检查换挡拨叉活塞杆是否弯曲或损坏。　□ 是　□ 否

⑤ 检查机电控制单元上的 1 ~3 挡拨叉位置传感器 G488，如图 3 -9 所示为传感器磁铁支架轻微变形。

图 3 -9　传感器磁铁支架轻微变形

◆ 传感器插头是否连接良好。　□ 是　□ 否

◆ 拔出插接器观察是否有锈蚀、松动。　□ 是　□ 否

◆ 传感器外壳是否损坏。　□ 是　□ 否

◆ 传感器安装情况是否良好。　□ 是　□ 否

◆ 如果 G488 传感器有损坏该怎么处理？试分析 G488 传感器故障可能出现的情况。

小提示

参照正常车辆，调整 1 ~3 挡换挡拨叉磁铁支架后，试车故障未出现，但在交车一周后再次出现故障。用户反映，频繁出现在早晨启动车辆后，组合仪表中的挡位指示灯闪烁，车辆无法行驶；关闭钥匙门再次启动车辆，又恢复正常。自诊断检查，有偶发的故障码。

本次故障码与第一次进厂维修时的故障码不同，内容都是挡位无法挂接。

（5）请按照下列流程检查挡位无法挂接故障。

① 再次读取数据流。

◆ 系统供油压力是否正常。　□是　□否

◆ 换挡杆处于各位置时，数据是否正常。　□是　□否

◆ 以上变速器数据如果正常，则可以说明什么问题？若不正常，又该如何？

② 检查滑阀箱油位是否正常。　□是　□否

◆ 检查结果与故障现象结合，分析滑阀箱油量与挡位无法挂接故障之间的逻辑关系，并记录下来。

小提示

检查滑阀箱中的油液发现，与 1 L 的标准油量相比较，油液缺少近 1/4。

(6) 根据检查结果，更换有故障的 DSG 系统元件，并确认 DSG 系统可以正常工作。

① 请根据检查结果，填写正确的维修意见，完成表 3-8。

表 3-8　DSG 系统元件检查结果及维修意见表

元件名称	检查结果	维修意见
位置传感器		
换挡拨叉		
滑阀箱润滑油		
DSG 控制单元（ECU）		
DSG 警告灯		
诊断接口		
各线束及连接器		

小提示

排除 OAM 变速器故障时，应充分利用其自诊断功能。在关注故障码的同时，注意观察故障发生时变速器的参数，可为故障排除找到“捷径”。

② 参考维修手册，修理或更换有故障的元件，简要写出维修步骤及注意事项。

③ 清除故障码。 □ 任务完成

④ 路试检查 DSG 系统工作是否正常，DSG 警告灯是否异常（自检、低速、高速三种工作状态下），请记录。

⑤ 再次读取故障码。 □ 任务完成

小提示

如果系统中仍然存在故障码，则说明故障未被排除。

⑥ 请你确认故障已修复，并签字。 签名：______

______年______月______日

评估反馈

1．小组评价——日常表现性评价（由小组长或者小组成员评价）

序号	评估项目	评价结果			
1	工作着装是否规范	□ 优	□ 良	□ 中	□ 差
2	实训任务填写情况	□ 优	□ 良	□ 中	□ 差
3	团队合作情况	□ 优	□ 良	□ 中	□ 差

2．教师点评

□ 优 □ 良 □ 中 □ 差

教师签名：______ ______年______月______日

项目四
汽车防抱死制动系统、驱动防滑控制系统检修

任务1 ABS系统故障警告灯常亮故障检修

任务目标

1. 能记录车辆的基本信息及故障症状
2. 能根据维修任务，制订工作计划，并准备设备维修工具等
3. 能用手持式诊断电脑读取ABS系统故障码，并根据读取的故障码确定故障范围
4. 能对ABS系统部件及电路进行检查和维修
5. 能根据检查结果更换故障部件，并能排除ABS系统故障警告灯常亮故障
6. 对工作任务完成情况做出评价、反馈和总结

任务描述

某一天，一名大众捷达轿车车主来到4S店，向服务顾问（SA）反映，其车辆出现ABS系统故障警告灯常亮的故障，希望得到帮助。SA接车后，将该车辆交付你所在的维修组进行维修作业。

图4－1 大众捷达轿车

想一想

请根据你所学到的知识，初步判断该任务的复杂程度，需要运用哪些知识、技能及工具，车辆需要进行哪些方面的检修以及需要多长时间、多少人来共同协作完成？

任务实施

（1）将车辆的基本信息及故障症状记录在表4-1中。

表4-1　车辆基本信息及故障记录表

客户姓名		车型与车型年份	
驾驶员姓名		VIN码	
车辆进厂日期		发动机型号	
车牌号码		里程表读数	km
首次发生故障日期			
产生故障频率	□ 经常发生 □ 有时发生（　　次/天　　　次/月） □ 仅有一次		
故障症状	□ ABS不工作		
	□ ABS不能有效工作		
	ABS警告灯异常：□ 持续点亮　　□ 不亮		
	驻车制动警告灯异常：□ 持续点亮　　□ 不亮		

小提示

紧急制动时，若制动踏板会发生上下振动，可判定ABS系统工作正常。若驻车制动警告灯异常，必须先排除驻车制动警告灯故障。

（2）准备ABS系统检查维修所需的设备、仪表、工具、耗材等，并在表4-2中记录。

表4-2　设备、工具、耗材准备记录表

名　称	型　号	数　量	是否会使用	是否准备好
数字万用表			□是　□否	□是　□否
手持式诊断电脑			□是　□否	□是　□否
专用示波器			□是　□否	□是　□否
维修手册			□是　□否	□是　□否
常用工具			□是　□否	□是　□否

续上表

名 称	型 号	数 量	是否会使用	是否准备好
专用工具			□是 □否	□是 □否
耗材				

（3）用手持式诊断电脑读取 ABS 系统故障码，根据读取的故障码确定故障范围。

① 将手持式诊断电脑连接到诊断接口，打开点火开关。 □ 任务完成

② 打开手持式诊断电脑，通过菜单选择或输入通道号的方式进入到 ABS 诊断系统的故障码读取项目。 □ 任务完成

③ 将读取的故障码记录下来。

④ 清除故障码，再次读取故障码，并记录下来。

小提示

如果故障码能够被清除，则说明该故障属于偶发性故障，或者是上一次检修时，维修技师在排除完故障后没有将故障码清除。如果两次都读到了同样的故障码，则说明该故障为永久性故障，若故障不排除，故障码就无法清除。

如果 ABS 系统工作不正常，又没有故障码，这种故障不容易进行故障诊断。在排查 ABS 系统故障之前，首先要确保普通制动系统无故障。具体方法可参考相关车型的维修手册。

（4）请按照下列流程检查轮速传感器及其电路。

① 检查轮速传感器安装是否正确，外观是否完好。

◆ 插头是否连接良好。 □是 □否

◆ 拔出插接器观察是否有锈蚀、松动。 □是 □否

◆ 传感器外壳是否损坏。 □是 □否

◆ 传感器安装情况是否良好。 □是 □否

② 根据电路图进行就车检查。

图 4－2（见 P72）是大众捷达轿车用的 MK20－Ⅰ型 ABS 系统电路图。按电路图（或教师提供的其他类型 ABS 系统电路图）在实验车上找到相关轮速传感器端子，检查轮速传感器电阻，以及其到 ABS 控制单元（ECU）之间线束的短路、断路状况，并将检查结果填写在表 4－3 中。

表4－3　轮速传感器电阻及线束检查表

检测项目	检测端子编号	检测值	维修意见
传感器电阻			□ 正常　□ 不正常
断路检查			□ 正常　□ 不正常
对地短路检查			□ 正常　□ 不正常
线间短路检查			□ 正常　□ 不正常

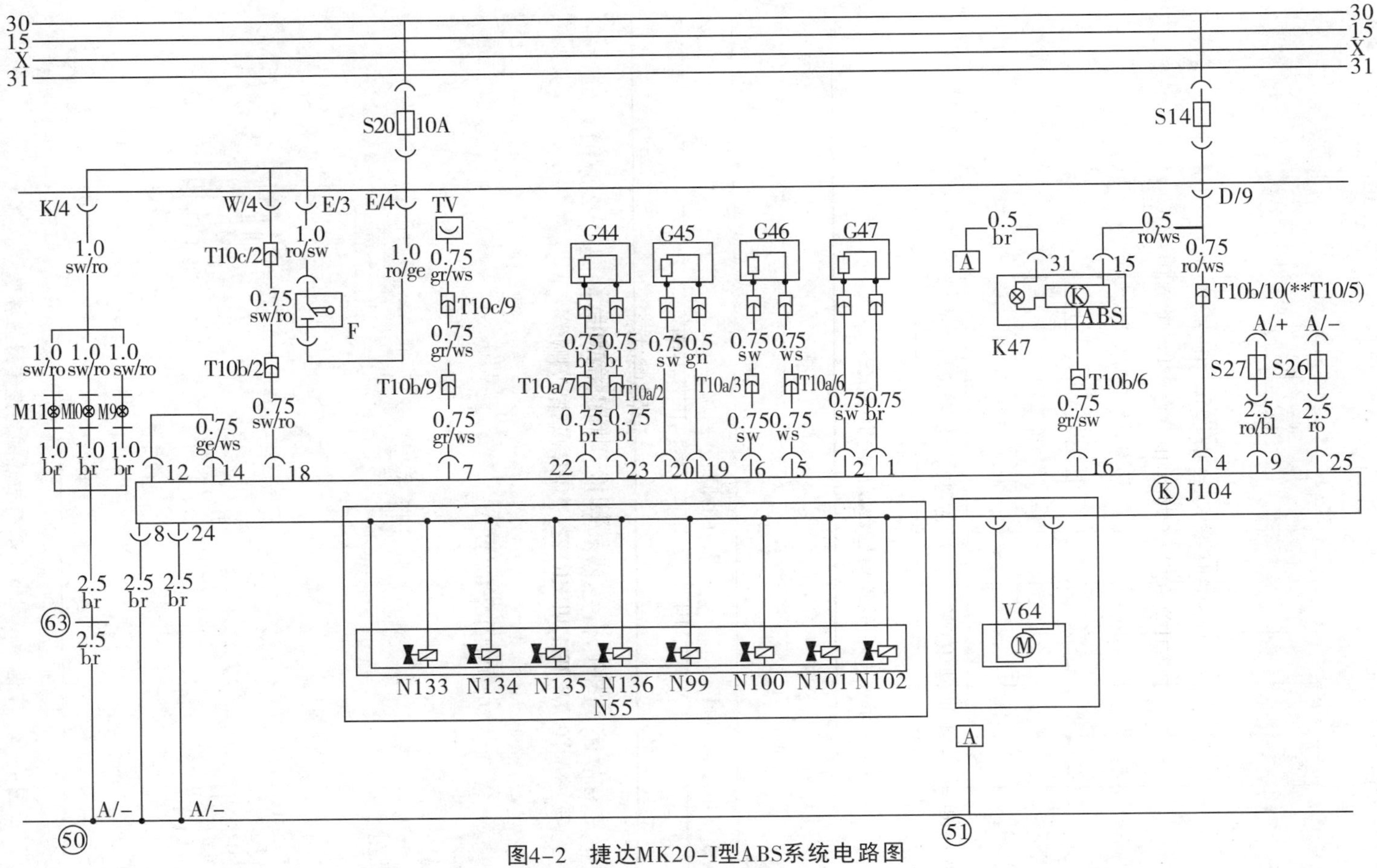

图4-2　捷达MK20-Ⅰ型ABS系统电路图

说明：A+—电池正极；F—制动灯开关；G44—右后轮轮速传感器；G45—右前轮轮速传感器；G46—左后轮轮速传感器；G47—左前轮轮速传感器；J104—ABS电子控制单元；K47— ABS警告灯；M9—左制动灯；M10—右制动灯；N55—ABS液压控制单元；N99—右前轮进油阀（常开）；N100—右前轮出油阀（常闭）；N101—左前轮进油阀（常开）；N102—左前轮出油阀（常闭）；N133—右后轮进油阀（常开）；N134—右后轮出油阀（常闭）；N135—左后轮进油阀（常开）；N136—左后轮出油阀（常闭）；TV—诊断接口；V64—回油泵电动机；T10a—10孔插头，红色，继电器盒上方；T10b—10孔插头，粉色，继电器盒上方；T10c—10孔插头，橙色，继电器盒上方

③ 用示波器检测轮速传感器波形，将检测到的波形画在下面的网格中，并填写表 4－4。

表 4－4　轮速传感器波形坐标参数表

项　目	内　容
探针连接部位	
坐标的单位	横（电压）：每格________；纵（时间）：每格________
维修意见	□ 正常　□ 不正常

◆ 若图 4－3 是有故障的轮速传感器的波形，请你猜想可能是什么原因导致这种波形。

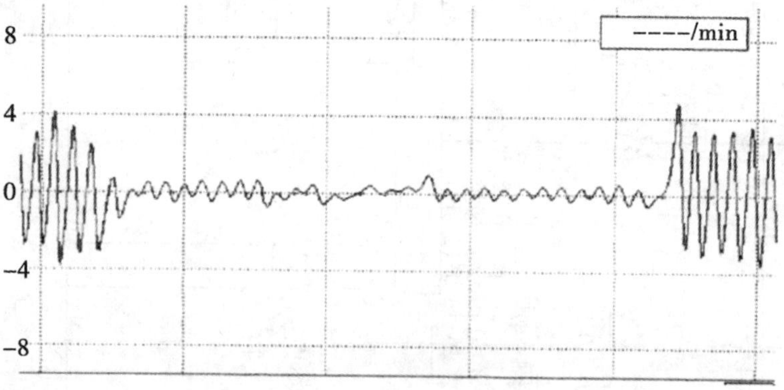

图 4－3　车速为 10 km/h 时有故障的轮速传感器波形

④ 检查轮速传感器端部。

◆ 拆下轮速传感器。　　□ 任务完成

◆ 检查传感器端部是否有划痕或异物。　□是　□否

◆ 如果有划痕该怎么处理轮速传感器？有异物又如何处理？

⑤ 检查轮速传感器齿圈。

◆ 用双手转动车轮，感觉车轮摆动是否异常。　□是　□否

如果不正常，需要检查齿圈轴向（或径向）的跳动量，或更换轮毂轴承。

◆ 检查齿圈是否有变形、残缺不全。　□是　□否

◆ 检查齿圈是否有脏物、锈蚀。　□是　□否

◆ 如果齿圈有损坏该怎么处理？如果有脏物、锈蚀又如何处理？

小提示

有些车型的轮速传感器齿圈安装在传动轴上，或者安装得比较隐秘，那么可以通过传感器的安装孔来目视检查齿圈。

（5）请按照下列流程检查制动压力调节器、ABS 控制单元。

① 检查 ABS 控制单元线束插头安装是否正确，外观是否完好。

◆ 插头是否连接良好。　□是　□否

◆ 拔出插接器观察是否有锈蚀、松动。　□是　□否

② 检查 ABS 保险丝是否正常。　□是　□否

小提示

检查中发现 ABS 保险丝熔断，不要急于更换保险丝，而是应该先判定保险丝是因为短路烧断还是因为疲劳损坏。

③ 检查蓄电池电压是否正常。　□是　□否

④ 在图 4－2（或教师提供的其他类型 ABS 系统电路图），用彩笔将 ABS 控制单元的电源电路描成红色，接地电路描成棕色。

⑤ 检查 ABS 控制单元的电源与接地是否正常。

◆ 打开点火开关，检查 ABS 控制单元的电源端子与接地端子之间的电压是否在正常范围内。　□是　□否

◆ 如果检测的电压不在正常范围内，请分别检查电源电路和接地电路是否有断路、对地短路、线间短路，并记录检测结果。

小提示

在某些 ABS 系统上还有专门的回油泵继电器和电磁阀继电器。

⑥ 用手持式诊断电脑检查制动压力调节器的工作情况，并记录检查结果。

小提示

是否能通过手持式诊断电脑检查制动压力调节器，取决于被检测车辆的自诊断系统是否具备这项功能。大众捷达轿车具备该功能，其操作步骤如下：

一是在操作电脑进入 ABS 电控系统后，通过功能选择或输入通道号（03）之后，就可进入测试；二是按照表 4－5 进行检查。

表 4－5　ECU 自诊数据记录表

步骤	操作者动作	诊断电脑屏幕显示（可能是德文或英文）	备注
1		回油泵有没有工作?	
2	踩住制动踏板不放	踩下制动踏板	
3		常开阀：0 V；常闭阀：0 V；车轮抱死	
4		常开阀：通电；常闭阀：0 V；车轮抱死	
5		常开阀：通电；常闭阀：通电；车轮可自由转动	踏板回弹，可听见泵运转声音
6		常开阀：通电；常闭阀：0 V；车轮可自由转动	踏板自动微微下沉
7		松开制动踏板	
8	松开制动踏板		

（6）根据检查结果，更换有故障的 ABS 系统元件，并确认 ABS 系统可以正常工作。

① 请根据检查结果，做出正确的维修意见，完成表 4－6。

表 4－6 ABS 系统元件检查结果及维修意见表

元件名称	检查结果	维修意见
轮速传感器		
齿圈		
制动压力调节器		
ABS 控制单元（ECU）		
ABS 警告灯		
诊断接口		
各线束及连接器		

小提示

在车辆维修工作中，找到故障部位，确定维修意见后，需要征得客户的同意才能进行修复。

② 参考维修手册，修理或更换有故障的元件，简要写出维修步骤及注意事项。

小提示

不同的车型，其 ABS 各元件的更换程序不一定相同。有些车辆在更换 ABS 控制单元（ECU）后需要对控制单元重新编码，否则 ABS 系统不能正常工作；有些车辆在更换制动压力调节器后，在进行完常规制动系统排气之后，还需要按照专门的工作程序配合诊断电脑进行制动压力调节器的排气。拆卸制动压力调节器时，为了避免制动液飞溅，通常需按照维修手册的说明对 ABS 系统进行卸压。

③ 清除故障码。 □ 任务完成

④ 路试检查 ABS 系统工作是否正常，ABS 警告灯是否异常（自检、低速、高速三种工作状态下），请记录。

⑤ 再次读取故障码。 □ 任务完成

小提示

如果系统中仍然存在故障码，则说明故障未被排除。

⑥ 请你确认故障已修复，并签字。 签名：______________

______年______月______日

任务 2　ABS 系统故障警告灯时亮时灭故障检修

任务目标

1. 能记录车辆的基本信息及故障症状
2. 能根据维修任务，制订工作计划，并准备设备维修工具等
3. 能用手持式诊断电脑读取 ABS 系统故障码，并根据读取的故障码确定故障范围
4. 能对 ABS 系统部件及电路进行检查和维修
5. 能根据检查结果更换故障部件，并能排除 ABS 系统故障警告灯时亮时灭故障
6. 对工作任务完成情况做出评价、反馈和总结

任务描述

某一天，一名大众捷达轿车车主来到 4S 店，向服务顾问（SA）反映，其车辆出现 ABS 系统故障警告灯时亮时灭的故障，有时还会报警，希望得到帮助。SA 接车后，将该车辆交付你所在的维修组进行维修作业。

图 4－4　大众捷达轿车

想一想

请根据你所学到的知识，初步判断该任务的复杂程度，需要运用哪些知识、技能及工具，车辆需要进行哪些方面的检修以及需要多长时间、多少人来共同协作完成？

任务实施

（1）将车辆的基本信息及故障症状记录在表 4－7 中。

表 4－7　车辆基本信息及故障记录表

客户姓名		车型与车型年份	
驾驶员姓名		VIN 码	
车辆进厂日期		发动机型号	
车牌号码		里程表读数	km
首次发生故障日期			
产生故障频率	□ 经常发生 □ 有时发生（　　次/天　　次/月） □ 仅有一次		
故障症状	□ ABS 不工作		
	□ ABS 不能有效工作		
	ABS 警告灯异常：□ 持续点亮　□ 时亮时灭　□ 不亮		
	驻车制动警告灯异常：□ 持续点亮　□ 时亮时灭　□ 不亮		

小提示

ABS 故障系统带有两个故障指示灯，一个是红色制动故障指示灯，另一个是琥珀色（或黄色）ABS 故障指示灯。两个故障指示灯正常闪亮的情况如下：当点火开关打开时，红色制动灯与琥珀色 ABS 灯几乎同时亮，制动灯亮的时间较短，ABS 灯会亮得久一些（约 3 s）。启动汽车发动机后，蓄压器要建立系统压力，此时两个故障指示灯会再亮一次，时间可达十几秒甚至是几十秒。红色制动灯在停车驻车制动时也会点亮。如果在上述情况下灯不亮，就说明故障指示灯本身或线路故障。

红色制动故障指示灯常亮，说明制动液不足或储能中压力下降（低于 14 MPa），此时普通制动系统与 ABS 系统均不能正常工作，要检查故障原因，及时排除故障。

琥珀色 ABS 故障指示灯常亮，说明电脑发现 ABS 系统有故障，此时 ABS 不能正常工作，需要及时检修。

（2）准备 ABS 系统检查维修所需的设备、仪表、工具、耗材等，并在表 4－8 中记录。

表 4－8　设备、工具、耗材准备记录表

名　称	型　号	数　量	是否会使用	是否准备好
数字万用表			□ 是　□ 否	□ 是　□ 否

续上表

名　称	型　号	数　量	是否会使用	是否准备好
手持式诊断电脑			□ 是　□ 否	□ 是　□ 否
专用示波器			□ 是　□ 否	□ 是　□ 否
维修手册			□ 是　□ 否	□ 是　□ 否
常用工具			□ 是　□ 否	□ 是　□ 否
专用工具			□ 是　□ 否	□ 是　□ 否
耗材				

（3）用手持式诊断电脑读取 ABS 系统故障码，根据读取的故障码确定故障范围。

① 将手持式诊断电脑连接到诊断接口，打开点火开关。　□ 任务完成

② 打开手持式诊断电脑，通过菜单选择或输入通道号的方式进入到 ABS 诊断系统的故障码读取项目。　□ 任务完成

③ 将读取的故障码记录下来。

④ 清除故障码，再次读取故障码，并记录下来。

小提示

如果故障码能够被清除，则说明该故障属于偶发性故障，或者是上一次检修时，维修技师在排除完故障后没有将故障码清除。如果两次都读到了同样的故障码，则说明该故障为永久性故障，若故障不排除，故障码就无法清除。

如果 ABS 系统工作不正常，又没有故障码，则这种故障不容易进行故障诊断。在排查 ABS 系统故障之前，首先要确保普通制动系统无故障。具体方法可参考相关车型的维修手册。

（4）请按照下列流程检查 ABS 系统部件及其电路。

① 检查轮速传感器安装是否正确，外观是否完好。

- ◆ 插头是否连接良好。　□ 是　□ 否
- ◆ 拔出插接器观察是否有锈蚀、松动。　□ 是　□ 否
- ◆ 传感器外壳是否损坏。　□ 是　□ 否
- ◆ 传感器安装情况是否良好。　□ 是　□ 否

如果发现问题，请记录下来。

② 检查 ABS 油泵安装是否正确，外观是否完好。

◆ 插头是否连接良好。 □是 □否

◆ 拔出插接器观察是否有锈蚀、松动。 □是 □否

◆ ABS 油泵外壳是否损坏。 □是 □否

◆ ABS 油泵安装情况是否良好。 □是 □否

如果发现问题，请记录下来。

③ 检查 ABS 控制单元安装是否正确，外观是否完好。

◆ 插头是否连接良好。 □是 □否

◆ 拔出插接器观察是否有锈蚀、松动。 □是 □否

◆ ABS 控制单元外壳是否损坏。 □是 □否

◆ ABS 控制单元安装情况是否良好。 □是 □否

如果发现问题，请记录下来。

（5）根据上述检查可以初步判断引起故障原因。

小提示

ABS 油泵的拆装有严格的标准，请一定要遵循相关维修手册进行拆装工作，避免出现意外情况。

◆参考维修手册，更换或修理有故障的元件，简要写出维修步骤及注意事项。

（6）更换油泵后，需要使用 V. A. G1552 故障诊断仪的基本设定功能进行控制单元编码与加液、排气的基本设定，其具体步骤如图 4－5 所示。

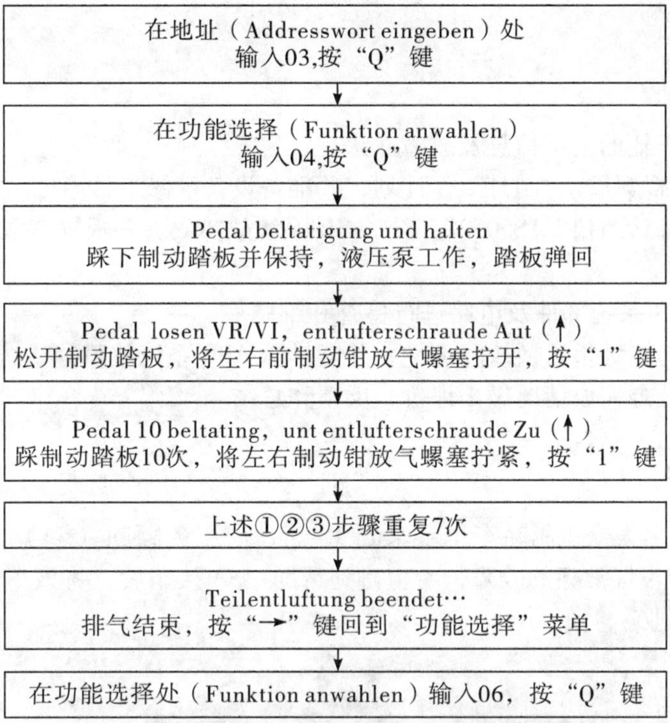

图 4－5 更换油泵后进行控制单元编码与加液、排气的基本设定步骤

小提示

使用 V. A. G1552 故障诊断仪的 03－07 功能向控制单元进行油泵编码：其编码为 03604。

（7）设定完成后，用 06 功能键退出，排气结束。清除故障码。 □ 任务完成

（8）请你确认故障已修复，并签字。 签名：＿＿＿＿＿＿

＿＿＿年＿＿＿月＿＿＿日

任务3　ASR系统故障警告灯常亮故障检修

任务目标

1. 能记录车辆的基本信息及故障症状
2. 能根据维修任务，制订工作计划，并准备设备维修工具等
3. 能用故障诊断仪 VAS5052A 读取 ASR 系统故障码，并根据读取的故障码确定故障范围
4. 能对 ASR 系统部件及电路进行检查和维修
5. 能根据检查结果更换故障部件，并能排除 ASR 系统故障警告灯常亮故障
6. 对工作任务完成情况做出评价、反馈和总结

任务描述

某一天，一名大众迈腾轿车车主来到 4S 店，向服务顾问（SA）反映，其车辆出现 ASR 系统故障警告灯常亮的故障，希望得到帮助。SA 接车后，将该车辆交付你所在的维修组进行维修作业。

图 4－6　大众迈腾轿车

想一想

请根据你所学到的知识，初步判断该任务的复杂程度，需要运用哪些知识、技能及工具，车辆需要进行哪些方面的检修以及需要多长时间、多少人来共同协作完成？

任务实施

（1）将车辆的基本信息及故障症状记录在表 4－9 中。

表 4－9　车辆基本信息及故障记录表

客户姓名		车型与车型年份	
驾驶员姓名		VIN 码	
车辆进厂日期		发动机型号	
车牌号码		里程表读数	km
首次发生故障日期			
产生故障频率	□ 经常发生 □ 有时发生（　　次/天　　次/月） □ 仅有一次		
故障症状	□ ASR 不工作		
	□ ASR 不能有效工作		
	ASR 警告灯异常：□ 持续点亮　　□ 不亮		

小提示

该车为一汽大众迈腾车型，配置 1.8 L TSI 发动机，行驶里程约为 3.2×10^4 km。该车 ABS、ASR 故障指示灯常亮。

（2）准备 ASR 系统检查维修所需的设备、仪表、工具、耗材等，并在表 4－10 中记录。

表 4－10　设备、工具、耗材准备记录表

名　称	型　号	数　量	是否会使用	是否准备好
数字万用表			□ 是　□ 否	□ 是　□ 否
手持式诊断电脑			□ 是　□ 否	□ 是　□ 否
专用示波器			□ 是　□ 否	□ 是　□ 否
维修手册			□ 是　□ 否	□ 是　□ 否
常用工具			□ 是　□ 否	□ 是　□ 否
专用工具			□ 是　□ 否	□ 是　□ 否
耗材				

（3）用故障检测仪 VAS5052A 读取 ASR 系统故障码，根据读取的故障码确定故障范围。

① 将故障检测仪 VAS5052A 连接到诊断接口，打开点火开关。 □ 任务完成

② 打开手持式诊断电脑，通过菜单选择或输入通道号的方式进入到 ASR 诊断系统的故障码读取项目。 □ 任务完成

③ 将读取的故障码记录下来。

④ 根据故障码，分析造成此故障的原因。

⑤ 清除故障码，再次读取故障码，并记录下来。

小提示

如果故障码能够被清除，则说明该故障属于偶发性故障，或者是上一次检修时，维修技师在排除完故障后没有将故障码清除。如果两次都读到了同样的故障码，则说明该故障为永久性故障，若故障不排除，故障码就无法清除。

ABS 回油泵 V39 是在 ABS 泵内部，说明此车型 ABS 泵与控制单元组合在一起。

(4) 请按照下列流程检查 ABS 泵及其电路。

① 检查 ABS 泵插头安装是否正确，外观是否完好。

◆ 插头是否连接良好。 □ 是 □ 否

◆ 拔出插接器观察是否有锈蚀、松动。 □ 是 □ 否

◆ 插头外壳是否损坏。 □ 是 □ 否

② 根据电路图进行就车检查。

图 4－7 是一汽大众迈腾轿车用的 ABS 控制单元控制电路图 1。按电路图在实验车上找到端子，检查其供电及搭铁线路，并将检查结果分别填在表 4－11、4－12 中。

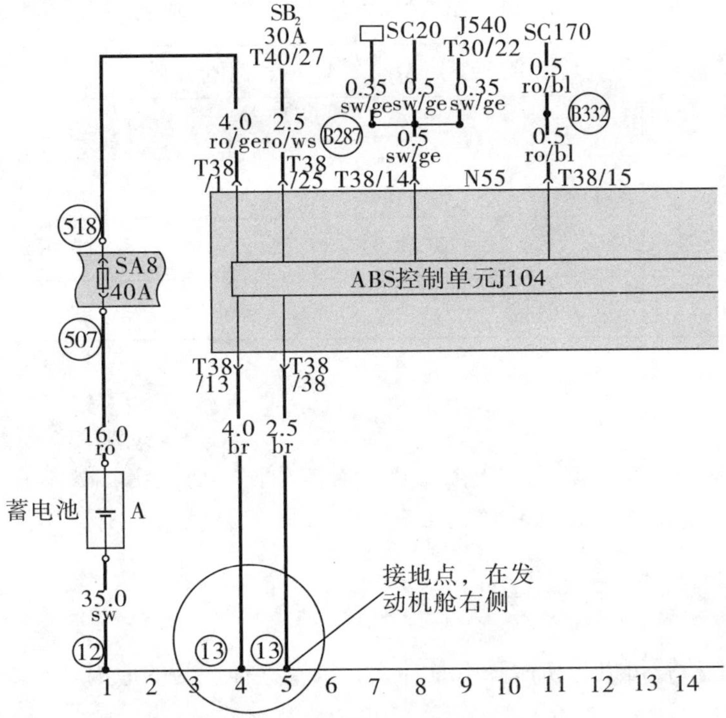

图 4-7　ABS 控制单元控制电路 1

说明：J104—ABS 控制单元；A—蓄电池；J540—电控机械式驻车制动器控制单元

表 4-11　ABS 控制单元供电电压

检测项目	检测端子编号	检测值	维修意见
供电电压检查			□ 正常　□ 不正常
供电电压检查			□ 正常　□ 不正常
供电电压检查			□ 正常　□ 不正常
供电电压检查			□ 正常　□ 不正常

小提示

T38/14 线路是在点火开关打开的状态下测量的。以上标准电压为蓄电池电压，不低于 12 V。

表 4-12　ABS 控制单元搭铁电压、电阻表

检测项目	检测端子编号	检测值	维修意见
搭铁电压检查			□ 正常　□ 不正常
搭铁电压检查			□ 正常　□ 不正常
搭铁电阻检查			□ 正常　□ 不正常
搭铁电阻检查			□ 正常　□ 不正常

小提示

搭铁点之间的电阻标准值小于 1.5 Ω，不符合标准则说明搭铁不良。为了防止有搭铁不良现象，再次拆下发动机舱内右侧搭铁点接线柱螺栓，确认搭铁良好后才能重新装复。

③ 通过以上检查可以分析故障点是什么，以及这样认为的原因。

④ 如果故障分析正确，应该如何进行修复？否则，又应该怎样处理？

（5）使用专用诊断仪 VAS5052A 的“引导性故障查询”功能进行检查。

① 将故障检测仪 VAS5052A 连接到诊断接口，打开点火开关。　□ 任务完成

② 打开诊断电脑，通过菜单选择或输入通道号的方式进入到“引导性故障查询”功能进行检查。　□ 任务完成

③“引导性故障查询”功能的检查结果是什么？

小提示

当退出诊断仪时发现仪表上的 ABS、ASR 故障灯熄灭，于是再次对该车进行了路试，发现当急踩制动踏板且 ABS 工作的同时，仪表上的 ABS、ASR 故障灯就会点亮，用诊断仪检查故障码依旧是 00301。关闭点火开关再次打开后，用诊断仪 VAS5052A 检查，故障码变为偶发，并且可以清除。当再次试车后依然是当急踩制动踏板且 ABS 工作的同时，仪表上的 ABS、ASR 故障灯就会点亮。

④ 根据电路图 4－8 分析，ABS 泵外部供电搭铁线路以及内部供电搭铁线路有接触不良的现象。结合上述所做的工作，合理分析接下来应该如何排除故障。

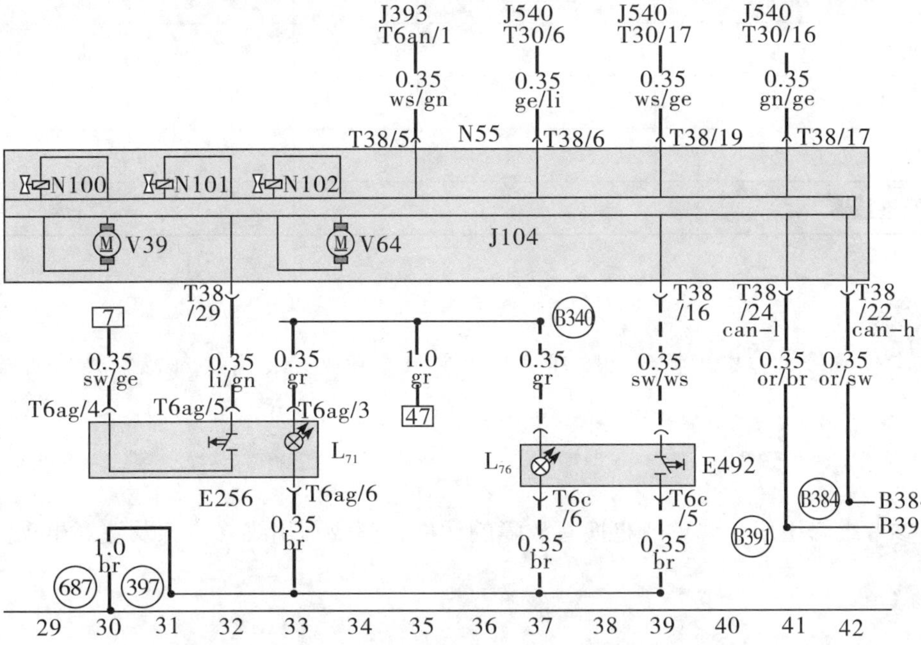

图 4－8　ABS 控制单元控制电路 2

说明：J104—ABS 控制单元；V39—ABS 回油泵；V64—ABS 液压泵；N55—ABS 液压单元；N100—右前 ABS 排油阀；N101—左前 ABS 排油阀；N102—左前 ABS 排油阀；E256—ASR 和 ESP 按键；E492—轮胎监控显示按键；L71—驱动防滑控制系统开关照明灯泡；L76—按键照明灯泡；J393—舒适/便捷功能系统中央控制单元；J540—电控机械式驻车制动器控制单元

小提示

分析认为，如果是回流泵 V39 本身短路或断路故障，在点火开关打开时，ABS 控制单元的自检功能能够检测出来。在 ABS 工作的同时，回流泵 V39 工作，而此时需要的工作电流增大，故障码出现，说明故障出现在回流泵 V39 的供电搭铁线路上。

（6）根据检查结果，更换有故障的 ASR 系统元件，并确认 ASR 系统可以正常工作。

① 请根据检查结果，填写正确的维修意见，完成表 4－13。

表 4－13　ASR 系统元件检查结果及维修意见表

元件名称	检查结果	维修意见
熔断丝		
控制单元（ECU）		
ASR 警告灯		
诊断接口		
各线束及连接器		

小提示

在车辆维修工作中，找到故障部位，确定维修意见后，需要征得客户的同意才能进行修复。

② 参考维修手册，修理或更换有故障的元件，简要写出维修步骤及注意事项。

③ 清除故障码。　　□ 任务完成

④ 路试检查 ASR 系统工作是否正常，ASR 警告灯是否异常（自检、低速、高速三种工作状态下），请记录。

⑤ 再次读取故障码。　　□ 任务完成

小提示

如果系统中仍然存在故障码，则说明故障未被排除。

⑥ 请你确认故障已修复，并签字。　　签名：________

______年______月______日

任务4　ASR系统工作异常故障检修

任务目标

1. 能记录车辆的基本信息及故障症状
2. 能根据维修任务，制订工作计划，并准备设备维修工具等
3. 能用故障诊断仪VAS5052A读取ASR系统故障码，并根据读取的故障码确定故障范围
4. 能对ASR系统部件及电路进行检查和维修
5. 能根据检查结果更换故障部件，并能排除ASR系统工作异常故障
6. 对工作任务完成情况做出评价、反馈和总结

任务描述

某一天，一名大众帕萨特轿车车主来到4S店，向服务顾问（SA）反映，其车辆出现ASR系统工作异常的故障，希望得到帮助。SA接车后，将该车辆交付你所在的维修组进行维修作业。

图4－9　大众帕萨特轿车

想一想

请根据你所学到的知识，初步判断该任务的复杂程度，需要运用哪些知识、技能及工具，车辆需要进行哪些方面的检修以及需要多长时间、多少人来共同协作完成？

任务实施

（1）将车辆的基本信息及故障症状记录在表4－14中。

表 4－14　车辆基本信息及故障记录表

客户姓名		车型与车型年份	
驾驶员姓名		VIN 码	
车辆进厂日期		发动机型号	
车牌号码		里程表读数	km
首次发生故障日期			
产生故障频率	□ 经常发生 □ 有时发生（　　次/天　　次/月） □ 仅有一次		
故障症状	□ ASR 不工作		
	□ ASR 不能有效工作		
	ASR 警告灯异常：□ 持续点亮　　□ 不亮		

小提示

一辆 2003 年生产的帕萨特 B5 车型配置了 ABS、EDS 以及 ASR 系统，在正常行驶过程中仪表板上的 ASR（K86）灯会突然亮起。在这种情况下按 ASR 灯开关无效，只有关闭点火开关重新启动发动机后，ASR 灯才能恢复正常。

（2）准备 ASR 系统检查维修所需的设备、仪表、工具、耗材等，并在表 4－15 中记录。

表 4－15　设备、工具、耗材准备记录表

名　称	型　号	数　量	是否会使用	是否准备好
数字万用表			□ 是　□ 否	□ 是　□ 否
手持式诊断电脑			□ 是　□ 否	□ 是　□ 否
专用示波器			□ 是　□ 否	□ 是　□ 否
维修手册			□ 是　□ 否	□ 是　□ 否
常用工具			□ 是　□ 否	□ 是　□ 否
专用工具			□ 是　□ 否	□ 是　□ 否
耗材				

（3）用故障诊断仪 VAS5052A 读取 ASR 系统故障码，根据读取的故障码确定故障范围。

① 将故障诊断仪 VAS5052A 连接到诊断接口，打开点火开关。　□ 任务完成

② 打开手持式诊断电脑，通过菜单选择或输入通道号的方式进入到 ASR 诊断系统的故障码读取项目。　□ 任务完成

③ 将读取的故障码记录下来。

④ 参照维修手册，思考针对此故障有什么排除方法？

⑤ 清除故障码，再次读取故障码，并记录下来。

小提示

如果故障码能够被清除，则说明该故障属于偶发性故障，或者是上一次检修时，维修技师在排除完故障后没有将故障码清除。如果两次都读到了同样的故障码，则说明该故障为永久性故障，若故障不排除，故障码就无法清除。

如果 ASR 系统工作不正常，又没有故障码，则这种故障不容易进行故障诊断，具体方法可参考相关车型的维修手册。

（4）根据故障码，检查 ABS 系统故障点所在部位，ABS 系统构成见图 4－10。

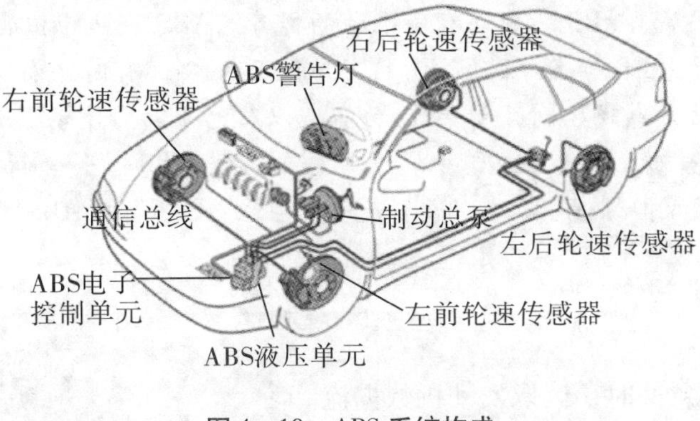

图 4－10　ABS 系统构成

① 检查轮速传感器端部。

◆ 拆下轮速传感器。　□ 任务完成

◆ 检查传感器端部是否有划痕或异物。　□ 是　□ 否

◆ 如果有划痕该怎么处理轮速传感器？有异物又如何处理？

② 检查 ABS 控制单元线束插头安装是否正确，外观是否完好。

◆ 插头是否连接良好。　□ 是　□ 否

◆ 拔出插接器观察是否有锈蚀、松动。　□ 是　□ 否

③ 检查 ABS 保险丝是否正常。　□ 是　□ 否

小提示

检查中发现 ABS 保险丝熔断，不要急于更换保险丝，而是应该先判定保险丝是因为短路烧断还是因为疲劳损坏。

④ 检查蓄电池电压是否正常。　□ 是　□ 否

⑤ 检查 ABS 控制单元的电源与接地是否正常。

◆ 打开点火开关，检查 ABS 控制单元的电源端子与接地端子之间的电压是否在正常范围内。　□ 是　□ 否

◆ 如果检测的电压不在正常范围内，请分别检查电源电路和接地电路是否有断路、对地短路、线间短路，记录检测结果。

小提示

ABS 技术在 20 世纪 90 年代初期就已成熟，近十年来没有突破性的发展，但对 ABS 技术进行了扩展，ABS 的内涵有了很大的提升。ABS 最初的扩展是防滑控制系统，它分为电子差速器（EDS）和驱动防滑（TCS）两部分，有时统称为 ASR。在此基础上扩展了后轴制动力感载控制，即 EBD 功能，以及电子助力制动 EBA，这些扩展功能仍以 ABS 功能为基础。20 世纪 90 年代中期，ABS 进入了一个全新的发展阶段，ABS 只是作为全新系统的一个子系统，而不是一个主要系统，但 ABS 仍然是重要的组成部分。

（5）在发动机怠速时，读取发动机数据流。

① 用检测仪进入通道 01－08－02，读取发动机数据流。　□ 任务完成

② 读取发动机数据流，补充表 4－16 相关内容。

表 4－16　发动机怠速时的数据流

项目	发动机转速	发动机负荷	循环喷射时间	进气流量
标准值	820～900 r/min	1.00～2.50 ms	2.00～5.00 ms	2.0～4.0 g/s
测量值				
状态	□ 正常　□ 不正常	□ 正常　□ 不正常	□ 正常　□ 不正常	□ 正常　□ 不正常

（6）请根据所读取故障代码以及数据流，检查 G70 空气流量计，见图 4－11。

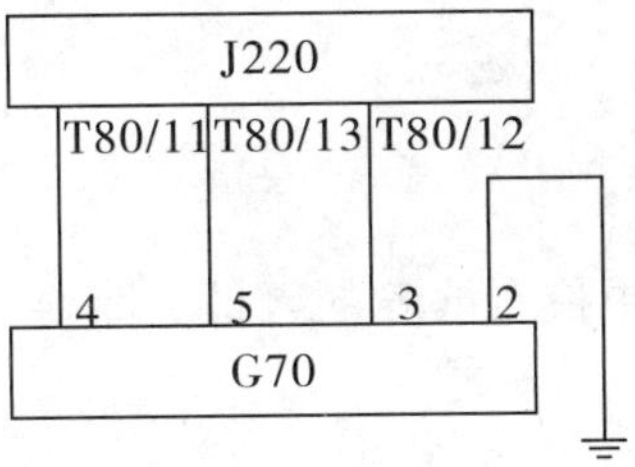

图 4－11　空气流量计检测示意图

① 检测空气流量计各端子的电阻及电压。

◆ 2 号端子与车身搭铁的电阻为________，是否正常。　　□ 是　□ 否

◆ 5 号端子的电压为________，是否正常。　　□ 是　□ 否

◆ 4 号端子的怠速时电压为________，急加速时电压为________，加速至 4 000 r/min 时电压为________，节气门开度为________，是否正常。　　□ 是　□ 否

② 查阅维修手册，确定空气流量计各端子的标准值。如果所测量值与标准值不符合，请根据所学知识分析导致此故障的原因有哪些。

（7）根据检查结果，更换有故障的 ASR 系统元件，并确认 ASR 系统可以正常工作。

① 请根据检查结果，填写正确的维修意见，完成表 4－17。

表 4－17　ASR 系统元件检查结果及维修意见表

元件名称	检查结果	维修意见
轮速传感器		
空气流量计		
节气门		
控制单元（ECU）		
ASR 警告灯		

续上表

元件名称	检查结果	维修意见
诊断接口		
各线束及连接器		

小提示

在车辆维修工作中，找到故障部位，确定维修意见后，需要征得客户的同意才能进行修复。

② 参考维修手册，修理或更换有故障的元件，简要写出维修步骤及注意事项。

小提示

在发动机的控制单元的程序中，空气流量计 G70 测量是根据发动机的转速、节气门的开度等条件来确定的。当发动机转速升高，节气门开度增加，计算出来理论的空气流量计 G70 信号电压就会升高，对应的信号电压值有一定的活动范围。当测得的实际信号电压超出这个范围就会有空气流量计 G70 的相关故障记录。

③ 清除故障码。 □ 任务完成

④ 路试检查 ASR 系统工作是否正常，ASR 警告灯是否异常（自检、低速、高速三种工作状态下），请记录。

⑤ 再次读取故障码。 □ 任务完成

小提示

如果系统中仍然存在故障码，则说明故障未被排除。

⑥ 请你确认故障已修复，并签字。 签名：__________

______年______月______日

评估反馈

1. 小组评价——日常表现性评价（由小组长或者小组成员评价）

序号	评估项目	评价结果
1	工作着装是否规范	□ 优　□ 良　□ 中　□ 差
2	实训任务填写情况	□ 优　□ 良　□ 中　□ 差
3	团队合作情况	□ 优　□ 良　□ 中　□ 差

2. 教师点评

□ 优　□ 良　□ 中　□ 差

教师签名：________________　______年______月______日

项目五
汽车巡航控制系统检修

任务1　汽车巡航控制系统间歇性失效故障检修

任务目标

1. 能记录车辆的基本信息及故障症状
2. 能根据维修任务，制订工作计划，并准备设备维修工具等
3. 能用手持式诊断电脑读取汽车巡航控制系统故障码，并根据读取的故障码确定故障范围
4. 能对汽车巡航控制系统部件及电路进行检查和维修
5. 能根据检查结果更换故障部件，并排除汽车巡航控制系统间歇性失效故障
6. 能对工作任务完成情况做出评价、反馈和总结

任务描述

某一天，一名大众高尔夫轿车车主来到4S店，向服务顾问（SA）反映，其车辆出现汽车巡航控制系统偶尔失灵，无法定速行驶等故障，希望得到帮助。SA接车后，将该车辆交付你所在的维修组进行维修作业。

图5－1　大众高尔夫轿车

想一想

请根据你所学到的知识，初步判断该任务的复杂程度，需要运用哪些知识、技能及工具，车辆需要进行哪些方面的检修以及需要多长时间、多少人来共同协作完成？

任务实施

（1）将车辆的基本信息及故障症状记录在表5－1中。

表5－1　车辆基本信息及故障记录表

客户姓名		车型与车型年份	
驾驶员姓名		VIN码	
车辆进厂日期		发动机型号	
车牌号码		里程表读数	km
首次发生故障日期			
产生故障频率	□ 经常发生 □ 有时发生（　　次/天　　次/月） □ 仅有一次		
故障症状	□ 定速巡航不工作		
	□ 定速巡航不能有效工作		
	定速巡航警告灯异常：□ 持续点亮　□ 不亮		

小提示

从系统电路图5－2中可以看出，高尔夫6车型的定速巡航（CCS）控制系统硬件构成相对简单。装备定速巡航控制系统的高尔夫6车型只是增加了定速巡航控制开关和定速巡航指示灯。变速器处于规定挡位，车辆行驶速度达到30 km/h或以上时，可实现定速巡航功能。当开启定速巡航时，首先要将定速巡航主开关拨到ON位置。开关E45的T10y/1插脚与T10y/2插脚连通。T10y/1插脚是转向柱控制单元J527提供的12 V左右的高电位。主开关闭合时，此高电位信号经过E45开关的T10y/2插脚传递到转向柱控制单元J527的T16y/5插脚。转向柱控制单元J527再通过导线将E45开关的“ON”信号传递给发动机控制单元J623。与此同时，转向柱控制单元J527将定速巡航开关E45及定速巡航按钮E227的状态信息，通过舒适系统数据总线K－CAN送到网关控制单元J533。网关控制单元J533再将定速巡航开关状态信息，经过动力系统数据总线A－CAN传递给发动机控制单元J623。发动机控制单元J623只有同时接收到动力系统数据总线A－CAN传递的“定速巡航开启”信号，以及转向柱控制单元J527单独传递的巡航主开关“ON”信号时，才能开启定速巡航控制功能。

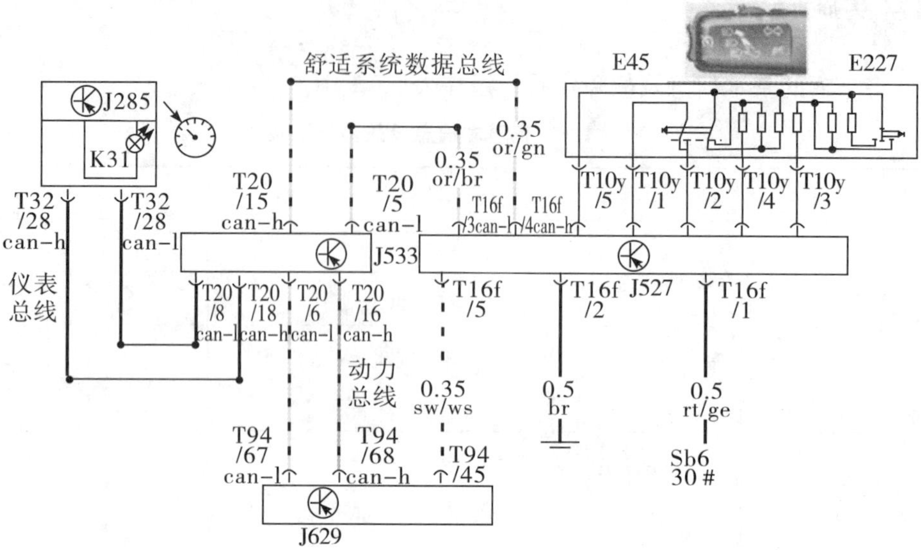

图 5－2　定速巡航系统电路图

说明：J533—网关控制单元；J623—发动机控制单元；J527—转向柱控制单元；J285—组合仪表控制单元；K31—定速巡航系统（CCS）指示灯；E45—定速巡航装置开关；E227—定速巡航设置按钮

（2）准备汽车巡航控制系统检查维修所需的设备、仪表、工具、耗材等，并在表 5－2中记录。

表 5－2　设备、工具、耗材准备记录表

名　称	型　号	数　量	是否会使用	是否准备好
数字万用表			□是　□否	□是　□否
手持式诊断电脑			□是　□否	□是　□否
专用示波器			□是　□否	□是　□否
维修手册			□是　□否	□是　□否
常用工具			□是　□否	□是　□否
专用工具			□是　□否	□是　□否
耗材				

（3）用手持式诊断电脑读取汽车巡航控制系统故障码，根据读取的故障码确定故障范围。

① 将手持式诊断电脑连接到诊断接口，打开点火开关。　□ 任务完成

② 打开手持式诊断电脑，通过菜单选择或输入通道号的方式进入到汽车巡航控制诊断系统的故障码读取项目。　□ 任务完成

③ 将读取的故障码记录下来。

④ 清除故障码，再次读取故障码，并记录下来。

小提示

如果故障码能够被清除，则说明该故障属于偶发性故障，或者是上一次检修时，维修技师在排除完故障后没有将故障码清除。如果两次都读取到同样的故障码，则说明该故障为永久性故障，若故障不排除，故障码就无法清除。

如果汽车巡航控制系统工作不正常，又没有故障码，这种故障不容易进行故障诊断。具体方法可参考相关车型的维修手册。

由于定速巡航系统（CCS）是发动机控制系统中的一个子系统，所以其各项自诊断功能均在发动机控制系统中完成。

（4）针对无法定速行驶这一故障现象，进行以下五项检查。

① 检查控制单元定速巡航功能是否激活，如图 5－3 所示。

◆ 对蓄电池进行充电。 □ 任务完成

◆ 连接专用诊断设备。 □ 任务完成

◆ 通过售后检修服务，进入发动机控制单元中激活或关闭定速巡航功能。

□ 任务完成

◆ 控制单元定速巡航功能是否激活。 □ 是 □ 否

◆ 根据以上数据，可以判断定速巡航开关是否正常。 □ 是 □ 否

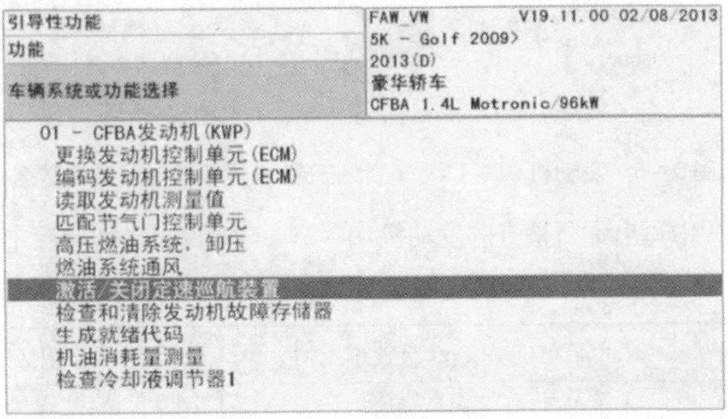

图 5－3 功能引导

小提示

发动机控制单元是否激活了定速巡航功能，可通过查看发动机控制单元版本信息及数据组 66 来进行判断，如图 5－4、图 5－5 所示。

观察车辆的发动机控制单元版本号 MED17.5.20 后面有“G”标志，且 66 组数据 2 区“状态位”显示定速巡航功能处于激活状态“1”。

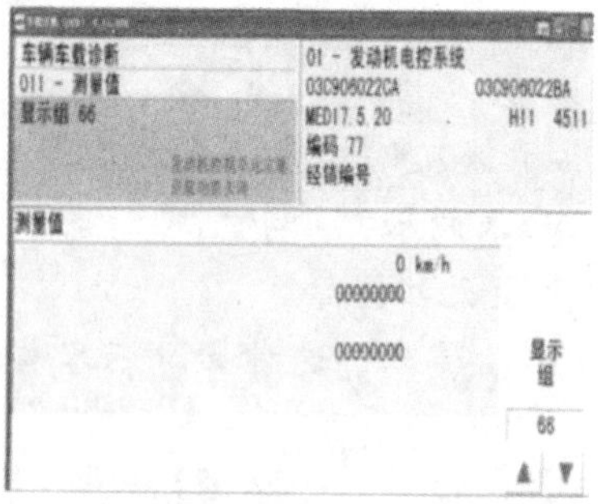

图 5－4　数据组 66 功能关闭

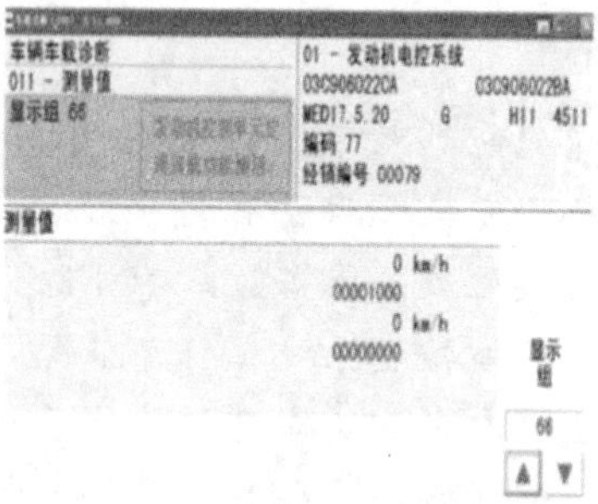

图 5－5　数据组 66 功能激活

② 检查定速巡航开关是否正常。

◆ 图 5－6 是一汽大众高尔夫 6 车型在正常条件下发动机 01－11－66 组在开关位置不同时显示的数据。

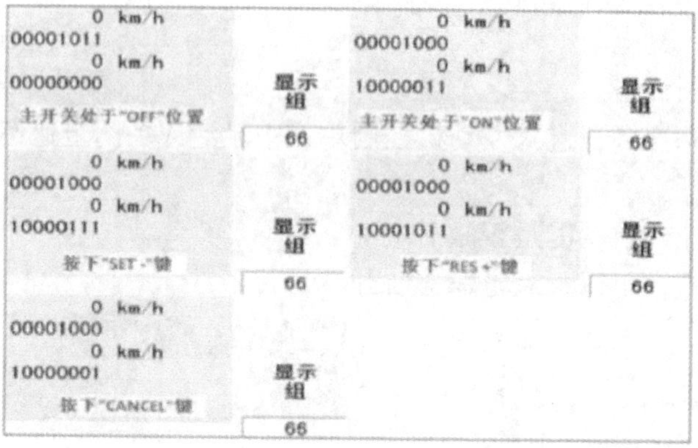

图 5－6　发动机 01－11－66 组在开关位置不同时显示的数据

③ 请在表 5－3 中写出你所检查的发动机 01－11－66 组在开关位置不同时显示的数据。

表 5－3　66 组数据显示值

开关条件	66 组数据示值	记忆的设定车速
主开关处于 ON 位置		0 km/h
主开关处于 OFF 位置		0 km/h

续上表

开关条件	66 组数据示值	记忆的设定车速
按下 SET 键		设定车速值
按下 RES 键		恢复设定车速值或提高
按下 CANCEL 键		关闭前的设定车速值

④ 进一步扩大故障检查范围，检查网关控制单元 J533 数据流，并根据该数据流判断控制单元之间的通信状态。

⑤ 请根据你所判断的发动机控制单元之间的通信状态，以及与总线之间的联系，用示波器检测舒适系统数据总线 K－CAN 的波形，将检测到的波形画在图 5－7 的网格中。

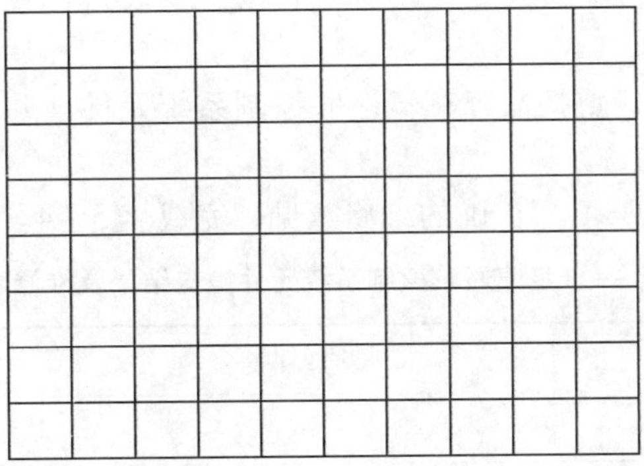

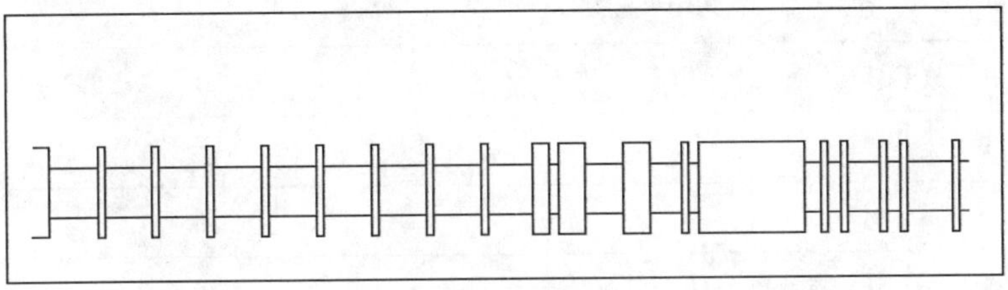

图 5－7　舒适系统数据总线 K－CAN 的正常波形

⑥ 请根据你所测量的波形与舒适系统数据总线 K－CAN 的正常波形进行对比，估计是什么原因导致这种波形出现的？

⑦ 检查车辆内部装备发现，该车辆改装了导航音响，请查阅资料，写出导航音响为何会影响舒适系统数据总线 K－CAN 正常工作的原因？

小提示

定速巡航控制系统（CCS），只有保证行车安全的情况下，才能被激活。该系统出现故障时，除检查发动机控制单元外，还应注意其他电控系统是否存在故障。

例如，一辆大众迈腾车型，更换了非原装备件的前轮轴承后，两个前轮 ABS 轮速信号与两个后轮 ABS 轮速信号略有不同。车辆行驶达到一定速度时，定速巡航功能失效。ABS 控制单元中没有故障码，只有在车辆行驶时测量轮速传感器数据流才能发现问题。有些车型的轮速传感器齿圈安装在传动轴上，或者安装得比较隐秘，可以通过传感器的安装孔来目视检查齿圈。

（5）根据检查结果，更换故障车辆巡航控制系统元件，并确认巡航控制系统是否能正常工作。

① 请根据检查结果，填写正确的维修意见，完成表 5－4。

表 5－4　定速巡航控制系统元件检查结果及维修意见表

元件名称	检查结果	维修意见
轮速传感器		
巡航控制开关		
定速巡航控制单元（ECU）		
定速巡航指示灯		
诊断接口		
各线束及连接器		

小提示

在车辆维修工作中，找到故障部位，确定维修意见后，需要征得客户的同意才能进行修复。

② 参考维修手册，修理或更换有故障的元件，简要写出维修步骤及注意事项。

③ 清除故障码。 □ 任务完成

④ 路试检查定速巡航系统是否能正常工作，请记录。

⑤ 再次读取故障码。 □ 任务完成

小提示

如果定速巡航控制系统中仍然存在故障码，则说明故障未被排除。

⑥ 请你确认故障已修复，并签字。

签名：________________

______年______月______日

任务2 汽车巡航控制系统失效故障检修

任务目标

1. 能记录车辆的基本信息及故障症状
2. 能根据维修任务，制订工作计划，并准备设备维修工具等
3. 能用手持式诊断电脑读取汽车巡航控制系统故障码，并根据读取的故障码确定故障范围
4. 能对汽车巡航控制系统部件及电路进行检查和维修
5. 能根据检查结果更换故障部件，并排除汽车巡航控制系统失效故障
6. 能对工作任务完成情况做出评价、反馈和总结

任务描述

某一天，一名大众帕萨特轿车车主来到4S店，向服务顾问（SA）反映，其车辆出现汽车巡航控制系统失效故障，希望得到帮助。SA接车后，将该车辆交付你所在的维修组进行维修作业。

图5-8 大众帕萨特轿车

想一想

请根据你所学到的知识，初步判断该任务的复杂程度，需要运用哪些知识、技能及工具，车辆需要进行哪些方面的检修以及需要多长时间、多少人来共同协作完成？

任务实施

（1）将车辆的基本信息及故障症状记录在表5-5中。

表 5－5　车辆基本信息及故障记录表

客户姓名		车型与车型年份	
驾驶员姓名		VIN 码	
车辆进厂日期		发动机型号	
车牌号码		里程表读数	km
首次发生故障日期			
产生故障频率	□ 经常发生 □ 有时发生（　　　次/天　　　次/月） □ 仅有一次		
故障症状	□ 定速巡航不工作		
	□ 定速巡航不能有效工作		
	定速巡航指示灯异常：□ 持续点亮　　□ 不亮		

小提示

图 5－9 至图 5－11 为大众帕萨特车型多功能转向盘和巡航控制示意图。系统由多功能转向盘操作单元 E221、多功能转向盘控制单元 J453、集成在转向灯开关内的定速巡航开关 E45、带中央信息显示屏的组合仪表 J285、发动机控制单元 J220 及节气门控制单元 J338 组成。

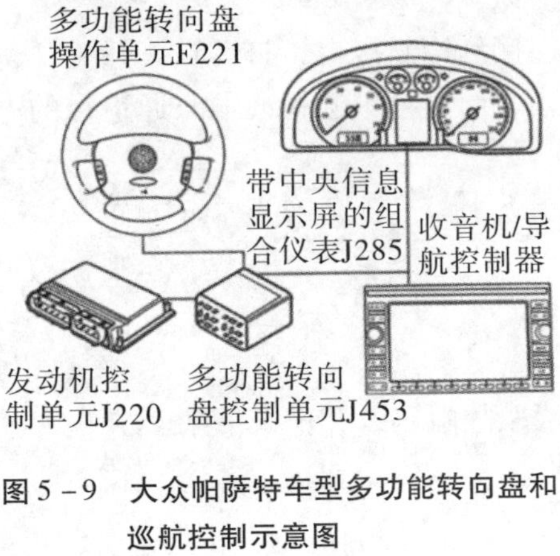

图 5－9　大众帕萨特车型多功能转向盘和巡航控制示意图

图 5-10　巡航主开关 E45

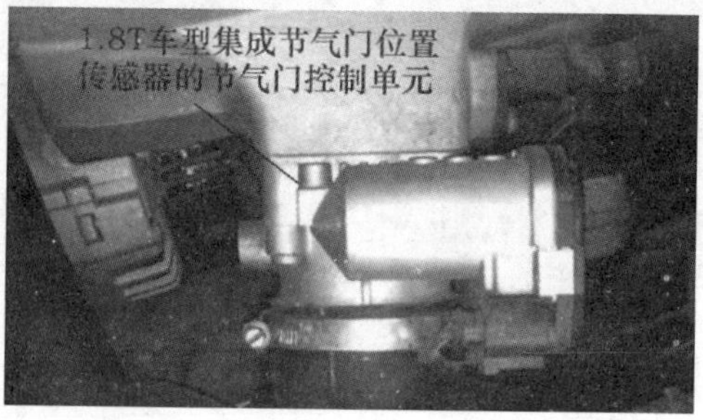

图 5-11　节气门控制单元

（2）准备定速巡航控制系统检查维修所需的设备、仪表、工具、耗材等，并在表5-6 中记录。

表 5-6　设备、工具、耗材准备记录表

名　称	型　号	数　量	是否会使用	是否准备好
数字万用表			□ 是　□ 否	□ 是　□ 否
手持式诊断电脑			□ 是　□ 否	□ 是　□ 否
专用示波器			□ 是　□ 否	□ 是　□ 否
维修手册			□ 是　□ 否	□ 是　□ 否
常用工具			□ 是　□ 否	□ 是　□ 否
专用工具			□ 是　□ 否	□ 是　□ 否
耗材				

（3）用手持式诊断电脑读取定速巡航控制系统故障码，根据读取的故障码确定故障范围。

① 将手持式诊断电脑连接到诊断接口，打开点火开关。　□ 任务完成

② 打开手持式诊断电脑，通过菜单选择或输入通道号的方式进入到定速巡航诊断系统的故障码读取项目。　□ 任务完成

③ 将读取的故障码记录下来。

④ 清除故障码，再次读取故障码，并记录下来。

小提示

大众帕萨特领驭车型定速巡航控制系统功能示意图如图 5－12 所示。由图可知，组合仪表 J285 集成有网关 J533，动力系统数据总线 A－CAN 和舒适系统数据总线 K－CAN 汇集于此，用于传输速率不同总线之间的数据交换。作为定速巡航系统的控制器，发动机控制单元 J220 需要相关传感器和开关的信号输入。除了车辆原有的车速传感器、节气门位置传感器、制动开关或离合器开关外，还需定速巡航控制主开关 E45 的信号，其他所需的信息则由多功能转向盘控制单元 J453 提供。

J453 采集、处理 E45 及多功能转向盘操作单元 E221 各按钮的开关信息，并将这些信息发送给 J220（用于定速巡航控制，有 3 条专门的导线连接）和组合仪表 J285（通过 K－CAN 总线传输，用于开启或关闭巡航指示灯及娱乐系统方面的控制），J453 还为喇叭继电器输出控制信号。定速巡航控制的执行器由节气门控制单元 J338 担当。

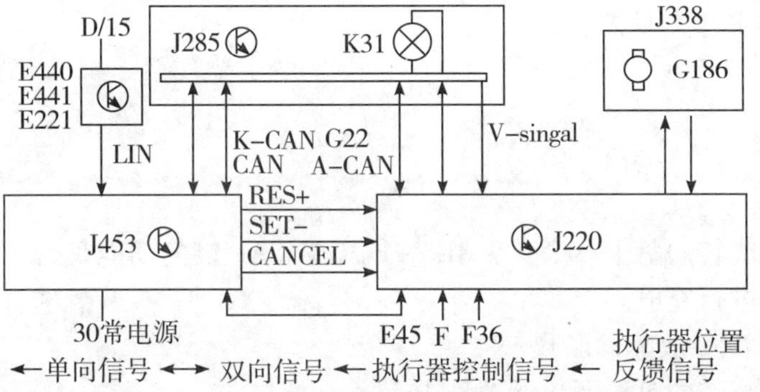

图 5－12 大众帕萨特领驭轿车定速巡航系统功能示意图

说明：A－CAN—动力数据总线（500 kb/s）；D/15—点火开关；E45—巡航主开关；E221—转向盘中的操作单元；E440、E441—多功能转向盘按钮；F—制动灯开关；F36—离合器开关；G22—车速传感器；G186—节气门定位电动机；J220—发动机控制单元；J285—组合仪表；J338—节气门控制单元；J453—多功能转向盘控制单元；K－CAN—舒适数据总线（100 kb/s）；K31—巡航指示灯；LIN—数据总线，传输速率为 20 kb/s；V－singal—车速信号。

（4）请根据车辆定速巡航控制系统的组成、工作原理以及故障代码排除故障。

① 开启巡航主开关 E45，检查巡航指示灯 K31 是否正常。

◆ 启动车辆，按压开启巡航主开关 E45。 □ 任务完成

◆ 找到巡航指示灯 K31，观察是否点亮。 □ 是 □ 否

② 根据定速巡航工作原理图，查阅相关资料，写出定速巡航指示灯 K31 点亮的条件。

小提示

对大众帕萨特领驭车型而言，K31 点亮并不意味着巡航控制已被执行，只是仅为巡航车速的设定做好了前期准备。K31 点亮后，车辆速度达到巡航车速下限 30 km/h 以上，驾驶员确定目标值，按下 SET－按钮后，系统即以设定车速为控制目标执行巡航运行，右脚无需再操纵加速踏板。超车时，踩下加速踏板车速提高，超车完成松开加速踏板后，车辆回复到设定车速继续作等速行驶。此时，按动 SET－按钮可减低设定车速，每按一次按钮，设定车速理论上降低 1.6 km/h。

因道路交通条件的原因制动减速，或踩下离合器踏板，暂时关闭巡航控制后，设定车速被记忆。需要恢复巡航运行时，按下 RES＋按钮，系统根据巡航暂时关闭前记忆的设定车速，控制 G186 开大节气门阀片，直至达到巡航车速的目标值。RES＋按钮的另一功用是提高设定车速，每按一次按钮，设定车速理论上增加 1.6 km/h。按下 CANCEL 按钮，暂时关闭巡航控制，设定车速被记忆。

当 E45 处于 OFF 的位置，完全关闭巡航控制，原设定车速的记忆被删除，再次执行巡航运行时需要重新设定。

定速巡航控制属电子节气门的子系统，一旦电子节气门系统出现故障，巡航控制程序将被关闭。

③ 检查多功能转向盘上 SET－、RES＋与 CANCAL 键的功能是否正常。

◆ 对蓄电池进行充电。 □ 任务完成

◆ 连接 VAS5052 故障诊断仪。 □ 任务完成

◆ 进入多功能转向盘控制单元地址 16。 □ 任务完成

读取 2 组测量值，1 区是 RES＋按钮的点动值，2 区是 SET－按钮的点动值，3 区是 CANCAL 按钮的点动值。依次按动各个按钮，与按钮相对应的示值符进行对比，见表 5－7。

表 5－7　正常条件下多功能转向盘控制单元 2 组测量值示值

按钮位置	1 区（RES＋）	2 区（SET－）	3 区（CANCEL）	4 区
按钮松开	未操作	未操作	未操作	未操作
按钮按下	记忆向上（点动出现）	记忆向下（点动出现）	已操作（点动出现）	

◆ 多功能转向盘上 SET－、RES＋与 CANCAL 键的功能是否正常。

□ 是　□ 否

④ 带上诊断仪进行路试，读取 66 组 2 区的测量值，并且分析出现此测量值的原因是什么。

小提示

此时查询故障存储器，出现 16955 制动开关不可靠信号的故障码。

（5）根据图 5－11 1. 8T 车型制动开关电路图，判断制动开关是否损坏。

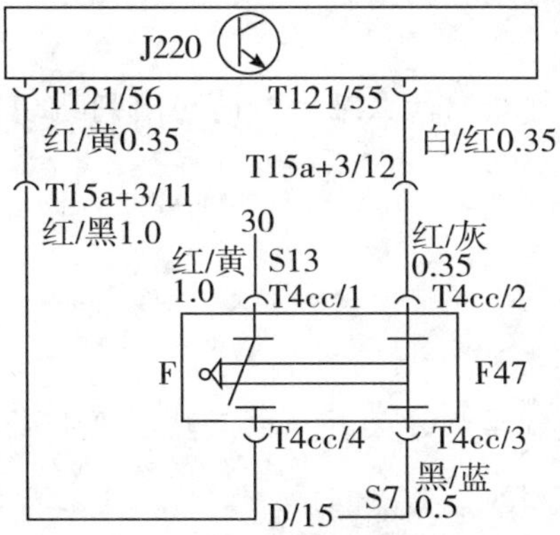

图 5－13　1. 8 T 车型制动开关电路图

◆ 踩下制动踏板，测量在 J220 的 T121/55 端子是否有 12 V 电压。

□ 是　□ 否

◆ 不踩下制动踏板的情况下，测量在 J220 的 T121/55 端子是否有 12 V 电压。

□ 是　□ 否

小提示

F47 系常闭型开关，未踩制动踏板时，12 V 电压通过 F47 加在 J220 的 T121/55 端子上。

◆ 检查 F47 制动开关保险丝是否正常。　□ 是　□ 否

小提示

检查中如发现 F47 保险丝熔断，不要急于更换保险丝，而是应该先判定保险丝是因为短路烧断还是因为疲劳损坏。

F47 与 ABS 控制单元 J104 同处于熔断丝 S7（10 A）。

◆ 检查仪表 ABS 灯自检后是否可以熄灭。　□ 是　□ 否

如果检查仪表 ABS 灯自检后可以熄灭，则说明什么问题？

◆ 未踩制动踏板时，用万用表测量 15 号线输入端的 T4cc/3 端子是否有电。

□是 □否

◆ 未踩制动踏板时，用万用表测量 15 号线输出端的 T4cc/2 端子是否有电。

□是 □否

◆ 你从测量结果中可以判断出什么结果？请写出判断结果。

小提示

大众帕萨特领驭车型的制动灯开关 F 与制动踏板开关 F47 集成一体。

（6）根据检查结果，更换故障车辆的定速巡航系统元件，并确认定速巡航系统是否能正常工作。

① 请根据检查结果，填写正确的维修意见，完成表 5－8。

表 5－8 定速巡航系统元件检查结果及维修意见表

元件名称	检查结果	维修意见
轮速传感器		
巡航控制开关		
定速巡航控制单元（ECU）		
定速巡航指示灯		
制动灯开关		
诊断接口		
各线束及连接器		

小提示

在车辆维修工作中，找到故障部位，确定维修意见后，需要征得客户的同意才能进行修复。

② 参考维修手册，修理或更换有故障的元件，简要写出维修步骤及注意事项。

③ 清除故障码。 □ 任务完成

④ 路试检查定速巡航控制系统是否能正常工作？请记录。

⑤ 再次读取故障码。 □ 任务完成

小提示

如果定速巡航控制系统中仍然存在故障码，则说明故障未被排除。

⑥ 请你确认故障已修复，并签字。 签名：＿＿＿＿＿＿

＿＿＿年＿＿＿月＿＿＿日

评估反馈

1. 小组评价——日常表现性评价（由小组长或者小组成员评价）

序号	评估项目	评价结果
1	工作着装是否规范	□ 优　□ 良　□ 中　□ 差
2	实训任务填写情况	□ 优　□ 良　□ 中　□ 差
3	团队合作情况	□ 优　□ 良　□ 中　□ 差

2. 教师点评

□ 优　□ 良　□ 中　□ 差

教师签名：＿＿＿＿＿＿＿＿　＿＿＿年＿＿＿月＿＿＿日

项目六

汽车电控悬架系统检修

任务1　雷克萨斯LS400轿车车身高度控制失灵故障检修

任务目标

1. 能记录车辆的基本信息及故障症状
2. 能根据维修任务，制订工作计划，并准备设备维修工具等
3. 能读取汽车电控悬架系统故障码，并根据读取的故障码确定故障范围
4. 能对汽车电控悬架系统部件及电路进行检查和维修
5. 能根据检查结果更换故障部件，并能排除汽车电控悬架系统车身高度控制失灵故障
6. 能对工作任务完成情况做出评价、反馈和总结

任务描述

某一天，一名雷克萨斯LS400轿车车主来到4S店，向服务顾问（SA）反映车身高度控制失灵故障。经询问车主得知，此车因事故大修后，整个车身下沉，无法进行车身高度自动调整功能，希望得到帮助。SA接车后，将该车辆交付你所在的维修组进行维修作业。

想一想

请根据你所学到的知识，初步判断该任务的复杂程度，需要运用哪些知识、技能及工具，车辆需要进行哪些方面的检修以及需要多长时间、多少人来共同协作完成？

图6-1　雷克萨斯LS400轿车

任务实施

（1）将车辆的基本信息及故障症状记录在表6－1中。

表6－1　车辆基本信息及故障记录表

客户姓名		车型与车型年份	
驾驶员姓名		VIN码	
车辆进厂日期		发动机型号	
车牌号码		里程表读数	km
首次发生故障日期			
产生故障频率	□ 经常发生 □ 有时发生（　　次/天　　次/月） □ 仅有一次		
故障症状	□ 电控悬架系统不工作		
	□ 电控悬架系统不能有效工作		
	电控悬架系统警告灯异常：□ 持续点亮　□ 时亮时灭　□ 不亮		

（2）准备电控悬架系统检查维修所需的设备、仪表、工具、耗材等，并在表6－2中记录。

表6－2　设备、工具、耗材准备记录表

名　称	型　号	数　量	是否会使用	是否准备好
数字万用表			□ 是　□ 否	□ 是　□ 否
手持式诊断电脑			□ 是　□ 否	□ 是　□ 否
专用示波器			□ 是　□ 否	□ 是　□ 否
维修手册			□ 是　□ 否	□ 是　□ 否
常用工具			□ 是　□ 否	□ 是　□ 否
专用工具			□ 是　□ 否	□ 是　□ 否
耗材				

（3）故障检查。

① 打开点火开关，观察仪表NORM高度控制指示灯的状态，如图6－2所示。

□ 正常　　　　□ 闪烁

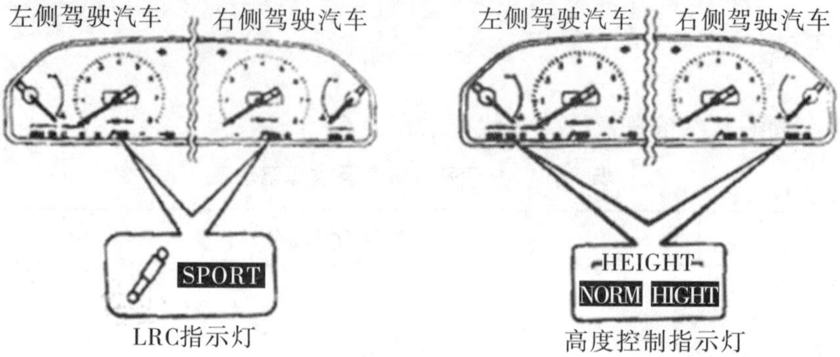

图 6 - 2　仪表 NORM 高度控制指示灯的位置

② 将高度控制开关由“NORM”打向“HIGHT”（高位控制），观察压缩机以及车身的变化情况。

□ 压缩机工作，车身升高　　　　□ 压缩机不工作，车身无变化

小提示

在正常情况下，当高度控制开关打向 HIGHT 位置时，大约 2 s 后，压缩机开始工作，并打开 1 号、2 号电磁阀，使四个车轮气袋同时充气。当整体车身提升 10 ~ 30 mm 时，压缩机停止工作，工作持续时间在 20 ~ 40 s。

③ 随后又将高度控制开关打到 NORM 位置——正常高度控制，观察溢流阀以及车身的变化情况。

□ 溢流阀工作，车身降低　　　　□ 溢流阀不工作，车身无变化

④ 根据以上检查，可以初步判断出什么结果，请写出判断结果。

（4）读取故障码。

① 点火开关置于 ON。　　　　□ 任务完成

② 跨接 TDCL 或检查连接器的 T_c 与 E_1 端子，如图 6 - 3 所示。　　　　□ 任务完成

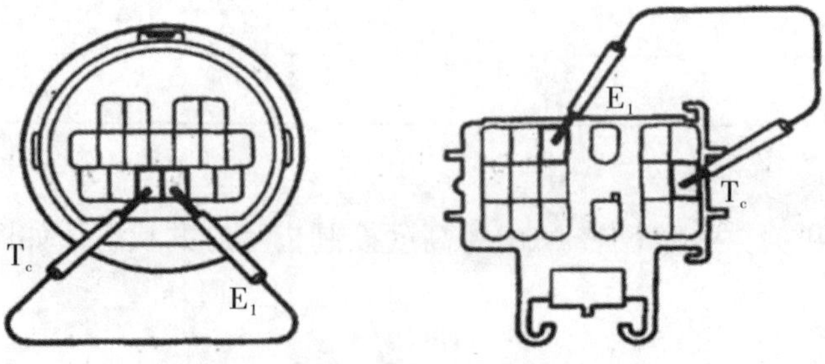

图 6 - 3　跨接 TDCL 或检查连接器的 T_c 与 E_1 端子

③ 将读取的故障码记录下来。

表 6－3　雷克萨斯 LS400 车型电控悬架系统故障代码表

故障码	故障部位	故障原因
11	右前高度传感器电路	高度传感器电路短路或断路
12	左前高度传感器电路	
13	右后高度传感器电路	
14	左后高度传感器电路	
21	前悬架控制执行器电路	悬架控制执行器电路短路或断路
22	后悬架控制执行器电路	
31	1 号高度控制阀电路	高度控制阀电路短路或断路
33	2 号高度控制阀电路（用于右悬架）	
34	2 号高度控制阀电路（用于左悬架）	
35	排气阀电路	排气阀电路短路或断路
41	1 号高度控制继电器电路	1 号高度控制继电器电路短路或断路
42	压缩机电动机电路	压缩机电动机短路或被锁住
51	至 1 号高度控制继电器的持续电流	供至 1 号高度控制继电器的电流通电约 8.5 min 以上
52	至排气阀的持续电流	供至排气阀的电流通电约 6 min 以上
61	悬架控制信号	ECU 失灵
71	悬架控制执行器电源电路	悬架控制执行器电源电路断路；AIR SUS 熔丝烧断
72	高度控制 ON/OFF 开关电路	高度控制 ON/OFF 开关在 OFF 位置；高度控制 ON/OFF 开关电路断路

④ 清除故障码，再次读取故障码，并记录下来。

系统故障排除后要将故障码清除，清除方法有以下两种。

一是关闭点火开关，拆下 2 号接线盒中的 ECU－B 熔丝 10 s 以上，即可清除故障代码；二是关闭点火开关，用跨接线将悬架控制连接器的端子 9（端子 CLE）与端子 8（端子 E）连接，同时使检查连接器的端子 T_S 和 E_1 连接。保持这一状态 10 s 以上，然后接通点火开关，并脱开以上各端子，即可清除故障代码。接线盒如图 6－4 所示，悬架高度控制连接器与检查连接器如图 6－5 所示。

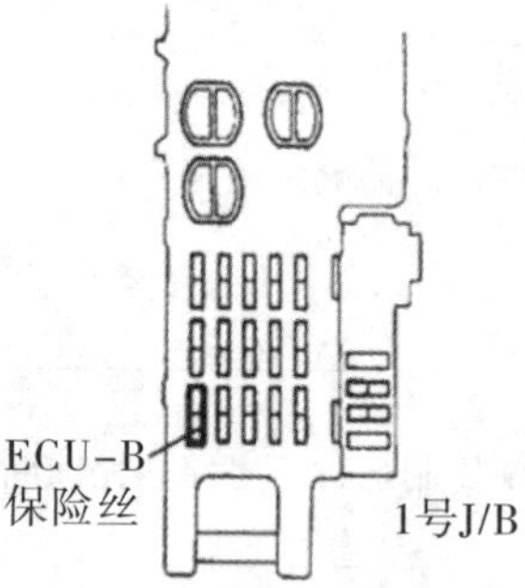

图 6－4　拆下 1 号接线盒中的 ECU－B 熔丝

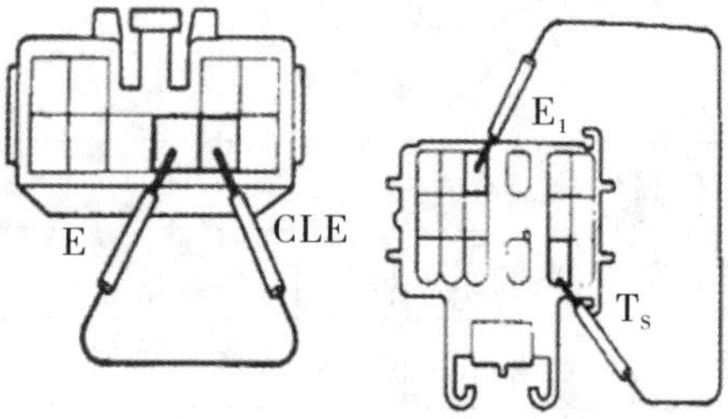

图 6－5　跨接高度控制连接器和检查连接器

（5）对高度控制连接器各脚功用有一定认识后，就可以做如下的检测试验。

① 将 1、2、3、7 这四脚用导线短接，打开点火开关，此时压缩机开始工作，明显看到前两轮气袋充气，前车身随之升高。　□ 任务完成

◆ 由此可以判断压缩机及 1 号高度控制继电器和 1 号高度控制阀。

□ 正常　□ 损坏

小提示

雷克萨斯 LS400 车型为电子悬架控制系统专门设置了一个检测用的高度控制连接器插头，各脚的连接及功用如图 6－6 所示。此插头正是检测连接器插头。从电路图中可知，此插头各脚的用途为：1 脚为主继电器供火端；8 脚为接地端；7 脚为 1 号高度控制继电器的控火端（ECU、RCMP）；6 脚为排气电磁阀控火端（ECU、SLEX）；2、3 脚为 1 号高度控制阀（前左右两轮电磁阀）；4、5 脚为 2 号高度控制阀（后左右两轮电磁阀）。

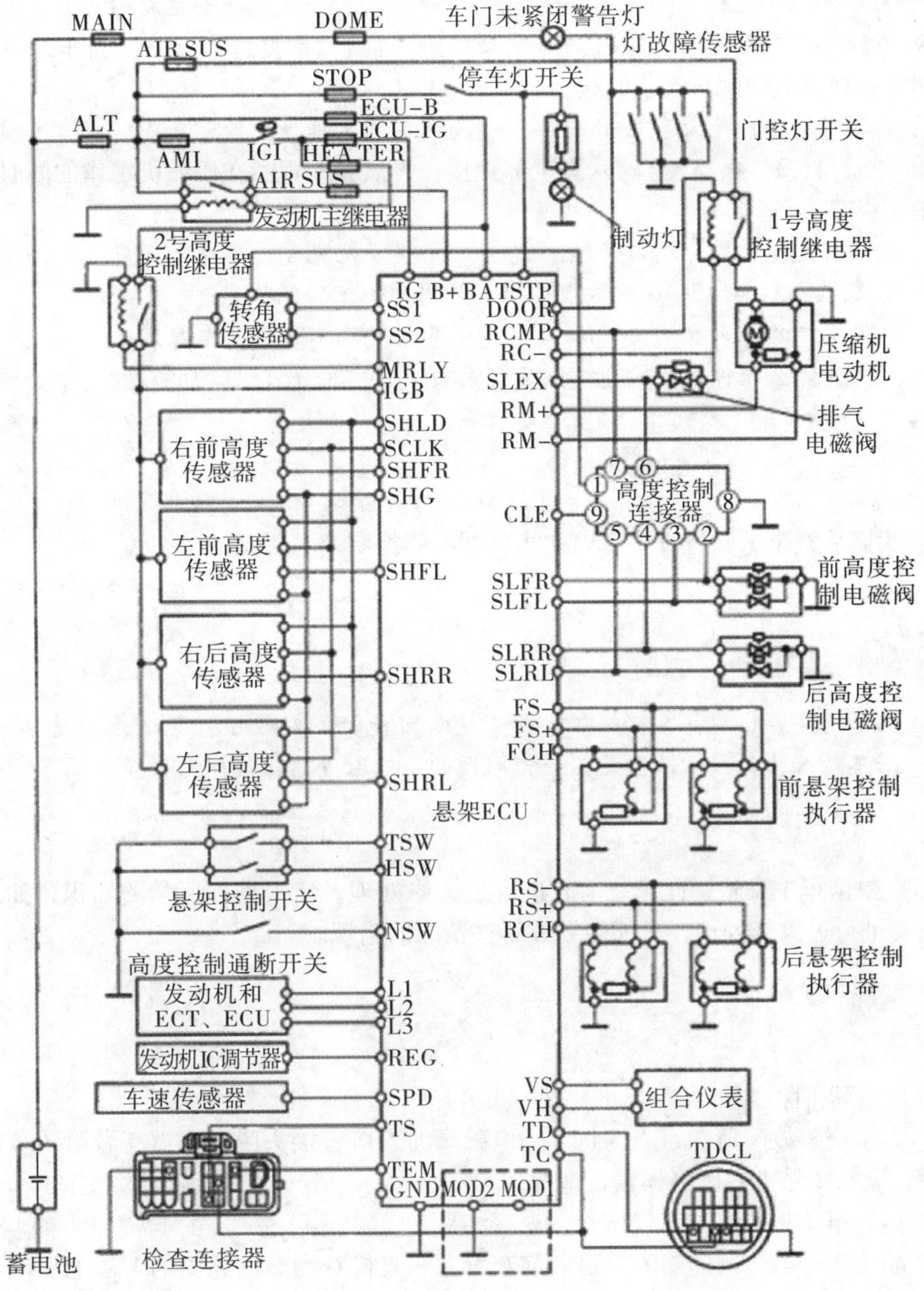

图 6－6　雷克萨斯 LS400 车型电控空气悬架系统的线路连接图

② 将 1、2、3、6 这四脚短接，此时可以听到排气阀排气的声音。随之前车身开始下降。　　　　□ 任务完成

◆ 由此可以判断排气功能（排气阀在干燥器上）。　□ 正常　□ 损坏

③ 将 1、4、5、7 这四脚短接，此时压缩机开始工作，20 s 后，后车身无法升起。

□ 任务完成

◆ 找到2号电磁阀（后左右两电磁阀并排安置），重复这项试验，当压缩机开始工作的同时，观察电磁阀与气袋的状态。

□ 电磁阀工作，气袋有充气　　　□ 电磁阀工作，气袋无充气

④ 将1、2、3、4、5、7这六脚全部短接，再试验，观察在压缩机工作的同时，车身与后轮气袋的状态。

□ 气袋有充气，车身均匀升起　　　□ 气袋无充气，车身无反应

⑤ 将1、2、3、4、5、6这六脚短接，此时观察车身的状态。

□ 排气阀工作，车身均匀下降　　　□ 排气阀不工作，车身无反应

◆ 思考为什么单独对后轮充气试验会失败，而整车充气试验却成功呢？

⑥ 我们从整个试验过程中可以初步判断电路控制及电磁阀的状态。

□ 正常　□ 损坏

小提示

气路管道是否出现异常？一般来说，这种可能性相对较小，气道走向是单一而规范的，若不是人为乱接乱改动是不会出问题的，气道管路出现问题较多为漏气、阻气。

（6）根据车主反映，此车之前有进行过大修处理。请根据你所学的知识，如果此车辆之前有进行过大修处理，可能会导致哪些情况的出现。

（7）故障排除步骤。

① 为了查找故障所在，人为将2号电磁阀的入口管接头脱开再重新做第3步后轮充气试验，观察2号电磁阀气体输送情况。　□ 正常　□ 不工作

② 再做第4步的整车充气试验，观察结果。　□ 正常　□ 不工作

③ 顺着2号电磁阀的输入管道向前查看，一直检查到右前轮侧的1号电磁阀，并记录所发现的问题。

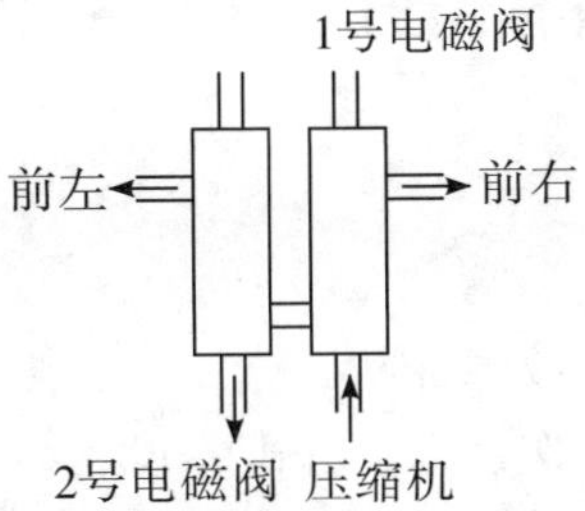

图6－7　电控悬架系统的气道

小提示

此车型电控悬架系统的气道正确的接法如图6－7所示。从图6－7看，上述试验中出现的怪现象能得出解决方法，1号电磁阀由前左和前右两个电磁阀组成。两阀之间有一通道连通，即压缩机输入口（前右电磁阀）与2号电磁阀（前左电磁阀）相通。当压缩机工作而四个轮的电磁阀不工作时，四个轮的气袋得不到气源而不充气。当电脑根据车辆各轮高度传感器的信号，而控制各个轮的电磁阀开闭，进行充气或利用排气进行高度调整。由于此车型的2号电磁阀气道与前左气道接错，便会产生不可思议的后果。在第3步试验中，将1、4、5、7这四脚脚短接，也就是将2号的两个电磁阀打开。但由于2号电磁阀的输入气道接在了1号前左电磁阀上，此时1号电磁阀没送电不工作，而使2号电磁阀的输入气道无气，便出现了后轮气袋不充气的故障现象。在第4步的试验中，将1、2、3、4、5、7这六脚全部短接，也就是将前后四个电磁阀全部打开，此时2号电磁阀的输入气道通过左前电磁阀而有了气源，同时，2号电磁阀是在打开状态下，所以后轮气袋此时可以充气。前左气道由于接在2号电磁阀口上，它与压缩机主气道相通，所以也可以充气。（应注意一点：此错误接法，只要压缩机工作，左前轮气袋便会充气。）

（8）请你确认故障已修复，并签字。　　签名：________

________年________月________日

任务2　别克轿车电控悬架系统失效故障检修

任务目标

1. 能记录车辆的基本信息及故障症状
2. 能根据维修任务，制订工作计划，并准备设备维修工具等
3. 能读取汽车电控悬架系统故障码，并根据读取的故障码确定故障范围
4. 能对汽车电控悬架系统部件及电路进行检查和维修
5. 能根据检查结果更换故障部件，并能排除汽车电控悬架系统失效故障
6. 能对工作任务完成情况做出评价、反馈和总结

任务描述

某一天，一名别克轿车车主来到4S店，向服务顾问（SA）反映，其车尾部下沉，导致底盘后部离地距离很小，严重影响了车辆行驶的通过性，希望得到帮助。SA接车后，将该车辆交付你所在的维修组进行维修作业。

图6－8　别克轿车

想一想

请根据你所学到的知识，初步判断该任务的复杂程度，需要运用哪些知识、技能及工具，车辆需要进行哪些方面的检修以及需要多长时间、多少人来共同协作完成？

任务实施

（1）将车辆的基本信息及故障症状记录在表6－4中。

表 6－4　车辆基本信息及故障记录表

客户姓名		车型与车型年份	
驾驶员姓名		VIN 码	
车辆进厂日期		发动机型号	
车牌号码		里程表读数	km
首次发生故障日期			
产生故障频率	□ 经常发生 □ 有时发生（　　次/天　　次/月） □ 仅有一次		
故障症状	□ 电控悬架系统不工作		
	□ 电控悬架系统不能有效工作		
	电控悬架系统警告灯异常：□ 持续点亮　□ 不亮		

小提示

该车型装备了自动悬架系统（也称水平控制系统），英文全称是 Electronic Level Control（ELC）。它是通过气压调节减振支杆，车辆在承受较大负载时能够保持后部的调整高度。

（2）准备电控悬架系统检查维修所需的设备、仪表、工具、耗材等，并在表 6－5 中记录。

表 6－5　设备、工具、耗材准备记录表

名　称	型　号	数　量	是否会使用	是否准备好
数字万用表			□ 是　□ 否	□ 是　□ 否
手持式诊断电脑			□ 是　□ 否	□ 是　□ 否
专用示波器			□ 是　□ 否	□ 是　□ 否
维修手册			□ 是　□ 否	□ 是　□ 否
常用工具			□ 是　□ 否	□ 是　□ 否
专用工具			□ 是　□ 否	□ 是　□ 否
耗材				

（3）用手持式诊断电脑读取电控悬架系统故障码，根据读取的故障码确定故障范围。

① 将手持式诊断电脑连接到诊断接口，打开点火开关。 □ 任务完成

② 打开手持式诊断电脑，通过菜单选择或输入通道号的方式进入到电控悬架诊断系统的故障码读取项目。 □ 任务完成

③ 将读取的故障码记录下来。

（4）清除故障码，再次读取故障码，并记录下来。

小提示

用户反映该车辆的故障是在底盘被颠过一下后突然出现的。

（5）请按照下列流程检查电控悬架系统。

① 检查轮胎安装否正确，外观是否完好。 □ 正常 □ 损坏

② 举升车辆进行底盘状况检查。

◆ 电控悬架系统各传感器插头是否连接良好。 □ 是 □ 否

◆ 拔出插接器观察是否有锈蚀、松动。 □ 是 □ 否

◆ 电控悬架系统管路是否破损。 □ 是 □ 否

◆ 减振器气囊是否漏气。 □ 是 □ 否

◆ 减振器是否有油渗漏。 □ 是 □ 否

小提示

通过 ELC 系统的相关资料可知：为了防止系统泄漏或通风阀始终打开，压缩机最长时间为 7 min。如果确定存在泄漏现象，在打开点火开关时，系统应该运行才对。此时从简单方面入手，查看压缩机及传感器线路的连接情况，并未发现插头虚接的情况。看来问题没那么简单，因为 ELC 系统是独立的且与检测仪不能通信，也就不能通过数据流或故障码来对其进行检测。

③ 根据图 6－9，写出电控悬架系统的组成部件，以及各部件之间的关系。

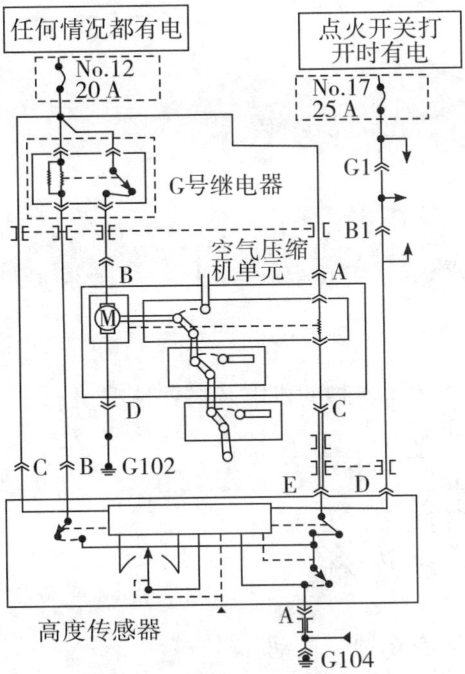

图 6－9　电控悬架系统电路图

④ 检查电控悬架系统保险丝。

◆ 在车辆上找到 12、17 号保险丝。　□ 任务完成

◆ 检查 12、17 号保险丝是否完好。　□ 是　□ 否

◆ 如何检查保险丝是否损坏？如果损坏又应该如何处理？

小提示

检查中发现电控悬架系统保险丝熔断，不要急于更换保险丝，而是应该先判定保险丝是因为短路烧断还是因为疲劳损坏。

⑤ 检查压缩机。

◆ 在车辆上找到压缩机总成的线束插头。　□ 任务完成

◆ 检查压缩机电机的电阻。

如何测量压缩机电机的电阻？如何判断电阻在正常范围内？

◆ 利用跨接法检查电机能否正常运转。 □是 □否

小提示

必须用两根带保险的跨线，B 脚接正极，D 脚接负极，以防短路，损坏电机。

⑥ 利用试灯法检查插头 B、D 脚的供电及搭铁情况。

◆ B 脚供电情况是否正常。 □是 □否

◆ D 脚搭铁情况是否正常。 □是 □否

⑦ 检查 ELC 系统高度传感器。

◆ 在车辆上找到 ELC 高度传感器。 □任务完成

◆ 插头是否连接良好。 □是 □否

◆ 拔出插接器观察是否有锈蚀、松动。 □是 □否

⑧ 检查 ELC 系统高度传感器到 G 号继电器之间的电路。

◆ 用一根带熔丝的跨线一端连接在高度传感器的 B 脚上，另一端搭铁。

□任务完成

◆ 压缩机是否运转。 □是 □否

◆ 测量压缩机 B 脚电压是否正常。 □是 □否

⑨ 根据以上的排除步骤，写出你的判断结果以及做法。

小提示

在继电器触点出现问题的情况下为什么还能清晰听到吸合声呢？这说明继电器还未完全失效，也许因为某种原因导致触点氧化后出现虚接现象，使得触点处产生较大电阻，不能通过正常电流。因此，即使测量电压符合标准，但也不能使压缩机运转。

（6）根据检查结果，更换有故障的电控悬架系统元件，并确认电控悬架系统是否能正常工作。

① 请根据检查结果，填写正确的维修意见，完成表 6－6。

表 6－6　电控悬架系统元件检查结果及维修意见表

元件名称	检查结果	维修意见
管路		
减振器		
保险丝		
压缩机电机		
高度传感器		
G 号继电器		
各线束及连接器		

小提示

在车辆维修工作中，找到故障部位，确定维修意见后，需要征得客户的同意才能进行修复。

② 参考维修手册，更换或修理有故障的元件，简要写出维修步骤及注意事项。

③ 清除故障码。　□ 任务完成

④ 路试检查电控悬架系统工作是否正常，电控悬架警告灯是否异常（自检、低速、高速三种工作状态下），请记录。

⑤ 再次读取故障码。　□ 任务完成

小提示

如果电控悬架系统中仍然存在故障码，则说明故障未被排除。

⑥ 请你确认故障已修复，并签字。　签名：________

______年______月______日

评估反馈

1．小组评价——日常表现性评价（由小组长或者小组成员评价）

序号	评估项目	评价结果
1	工作着装是否规范	□优　□良　□中　□差
2	实训任务填写情况	□优　□良　□中　□差
3	团队合作情况	□优　□良　□中　□差

2．教师点评

□优　□良　□中　□差

教师签名：________　　________年________月________日

项目七

汽车车身稳定控制系统检修

任务1　丰田 RAV4 轿车 VSC 系统警告灯常亮故障检修

任务目标

1. 能记录车辆的基本信息及故障症状
2. 能根据维修任务，制订工作计划，并准备设备维修工具等
3. 能读取 VSC 系统故障码，并根据读取的故障码确定故障范围
4. 能对 VSC 系统部件及电路进行检查和维修
5. 能根据检查结果更换故障部件，并能排除 VSC 系统警告灯常亮故障
6. 能对工作任务完成情况做出评价、反馈和总结

任务描述

某一天，一名丰田 RAV4 轿车车主来到 4S 店，向服务顾问（SA）反映，其车辆出现 VSC 系统故障警告灯常亮的故障，希望得到帮助。SA 接车后，将该车辆交付你所在的维修组进行维修作业。

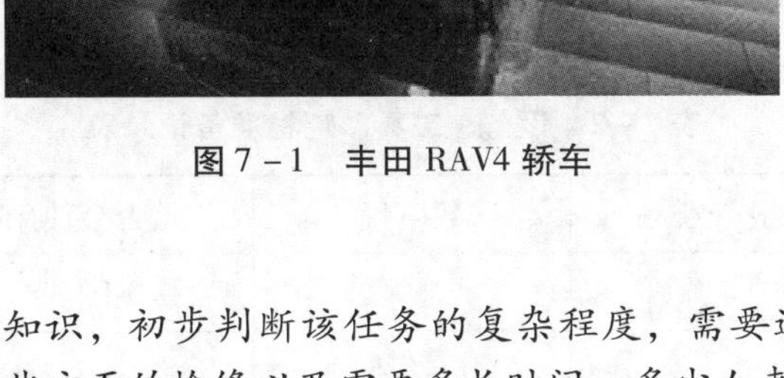

图 7－1　丰田 RAV4 轿车

想一想

请根据你所学到的知识，初步判断该任务的复杂程度，需要运用哪些知识、技能及工具，车辆需要进行哪些方面的检修以及需要多长时间、多少人来共同协作完成？

任务实施

（1）将车辆的基本信息及故障症状记录在表 7－1 中。

表 7－1　车辆基本信息及故障记录表

客户姓名		车型与车型年份	
驾驶员姓名		VIN 码	
车辆进厂日期		发动机型号	
车牌号码		里程表读数	km
首次发生故障日期			
产生故障频率	□ 经常发生 □ 有时发生（　　次/天　　次/月） □ 仅有一次		
故障症状	□ VSC 不工作		
	□ VSC 不能有效工作		
	VSC 警告灯异常：□ 持续点亮　□ 不亮		

小提示

2010 年生产的丰田 RAV4 车型，行驶里程 80 km。正常行驶时仪表中制动系统警告灯、ABS/VSC 警告灯同时点亮。车辆启动后仪表中的制动系统警告灯、ABS/VSC 警告灯始终点亮，说明自诊断功能已经检测到系统确实存在相关故障，所以警告灯点亮提示维修。

同时检测到车主没有发现的第二个故障：在踩制动踏板时制动灯不能点亮。

（2）准备 VSC 系统检查维修所需的设备、仪表、工具、耗材等，并在表 7－2 中记录。

表 7－2　设备、工具、耗材准备记录表

名　称	型　号	数　量	是否会使用	是否准备好
数字万用表			□ 是　□ 否	□ 是　□ 否
手持式诊断电脑			□ 是　□ 否	□ 是　□ 否
专用示波器			□ 是　□ 否	□ 是　□ 否

续上表

名　称	型　号	数　量	是否会使用	是否准备好
维修手册			□是　□否	□是　□否
常用工具			□是　□否	□是　□否
专用工具			□是　□否	□是　□否
耗材				

（3）用手持式诊断电脑读取 VSC 系统故障码，根据读取的故障码确定故障范围。

① 将手持式诊断电脑连接到诊断接口，打开点火开关。　□ 任务完成

② 打开手持式诊断电脑，通过菜单选择或输入通道号的方式进入到 VSC 诊断系统的故障码读取项目。　□ 任务完成

③ 将读取的故障码记录下来。

④ 清除故障码，再次读取故障码，并记录下来。

小提示

如果故障码能够被清除，则说明该故障属于偶发性故障，或者是上一次检修时，维修技师在排除完故障后没有将故障码清除。如果两次都读到同样的故障码，则说明该故障为永久性故障，若故障不排除，故障码就无法清除。

如果 VSC 系统工作不正常，又没有故障码，这种故障不容易进行故障诊断。具体方法可参考相关车型的维修手册。

（4）请根据故障码及故障现象，判断出现故障的原因。

① 请根据故障码，判断引起此故障码的条件或原因。

② 请根据踩制动踏板时制动灯不能点亮的故障现象，判断引起此故障的原因。

（5）请按照下列流程排除车辆故障，如图 7－2 所示。

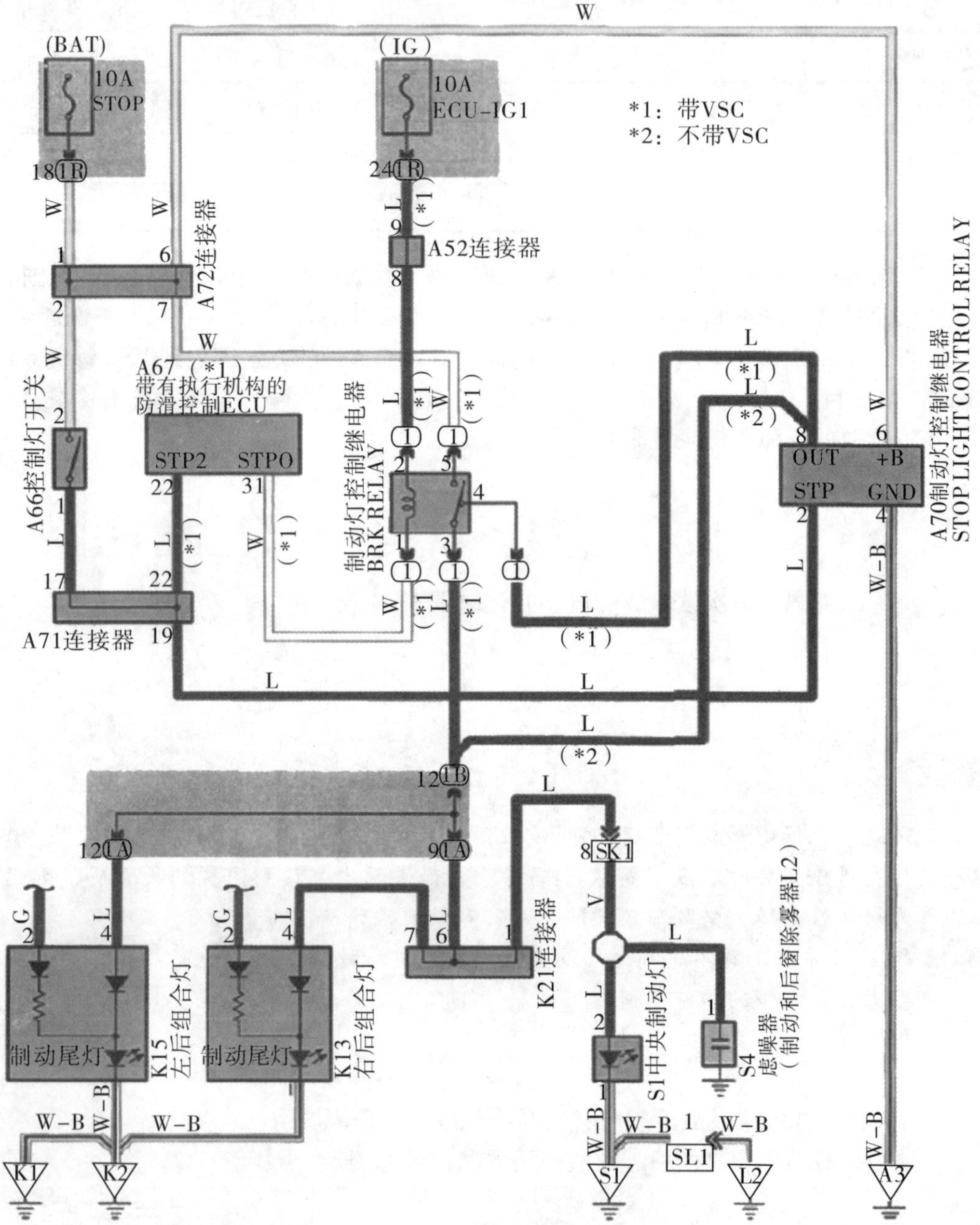

图 7－2　制动灯线路图

① 检查制动灯开关电源熔丝。

◆ 找到制动灯开关电源熔丝的位置。　　□ 任务完成

◆ 观察熔丝是否有烧蚀、熔断。　　□ 是　□ 否

◆ 测量熔丝电阻是否正常。　□是　□否

◆ 熔丝接脚插到车身搭铁的电压是否正常。　□是　□否

② 检查制动灯开关插接器 A66。

◆ 找到制动灯开关插接器 A66 的位置。　□任务完成

◆ 断开制动灯开关插接器 A66。　□任务完成

◆ 测量连接器中 2 号脚白色线到车身搭铁的电压是否正常。　□是　□否

◆ 拆下制动灯开关测量接脚 1 和接脚 2 的开关电阻。

◆ 开关松开时触点接通电阻是否正常。　□是　□否

◆ 按下后触点断开时电阻是否正常。　□是　□否

小提示

打开工作台左下侧仪表板接线盒找到 10 A STOP 制动灯开关电源保险丝，测量其电阻应为 0.2 Ω，保险丝接脚插到车身搭铁的电压应为 12.4 V。断开制动灯开关连接器 A66，测量连接器中 2 号脚白色线到车身搭铁的电压应为 12.4 V。拆下制动灯开关测量接脚 1 和接脚 2 的开关电阻，开关松开时触点接通应为 0.2 Ω，按下后触点断开应为无限大。

（6）重新插好 A66，连接丰田 RAV4 车型专用检测仪 IT－Ⅱ，选择车型及配置进入底盘—ABS/VSC 系统后读取数据流。

① 检查制动灯开关到防滑控制 ECU 线路及 ECU 本身。

◆ 踩下制动踏板，检测仪制动灯开关 STOP LIGHT SW 项是否显示 ON。

□是　□否

◆ 松开制动踏板，检测仪制动灯开关 STOP LIGHT SW 项是否显示 OFF。

□是　□否

◆ 由此可判断制动灯开关到防滑控制 ECU 线路及 ECU 本身是否正常。

□是　□否

② 使用检测仪主动测试功能测试制动灯控制继电器 BRK RELAY。

◆ 选择 ON 时，制动灯是否可以响应点亮。　□是　□否

◆ 选择 OFF 时，制动灯是否可以响应熄灭。　□是　□否

◆ 由此可判断 BRK 继电器、组合尾灯及之间连接线路是否正常。　□是　□否

（7）检查制动灯控制继电器。完成表 7－3 中相关内容。

◆ 找到制动灯控制继电器的位置。　□任务完成

◆ 断开制动灯控制继电器插接器 A70。　□任务完成

◆ 根据电路图测量制动灯控制继电器插接器 A70 各端子。

表 7-3 连接器 A70 接线端子测量表

接脚	接线颜色	线路说明	条件	测量值	结果
1 号		空位			
2 号	蓝	输入，制动灯开关信号	踩下制动踏板		
3 号		空位			
4 号	白—黑	负极搭铁	到车身电阻		
5 号		空位			
6 号	白	正极，由 STOP 保险丝供电	到车身电压		
7 号		空位			
8 号	蓝	输出，经 BRK 继电器常通触点到制动灯	到车身电阻		

◆ 重新插上连接器 A70 后再次测量 8 号接脚，踩制动踏板时到车身搭铁电压输出是否正常。 □是 □否

根据以上检查测量，可以判断故障原因。

（8）根据检查结果，更换有故障的 VSC 系统元件，并确认 VSC 系统可以正常工作。

① 请根据检查结果，填写正确的维修意见，完成表 7-4。

表 7-4 VSC 系统元件检查结果及维修意见表

元件名称	检查结果	维修意见
制动灯控制继电器		
熔丝		
制动灯开关		
VSC 控制单元（ECU）		
VSC 警告灯		
诊断接口		
各线束及连接器		

小提示

在车辆维修工作中，找到故障部位，确定维修意见后，需要征得客户的同意才能进行修复。

② 参考维修手册，修理或更换有故障的元件，简要写出维修步骤及注意事项。

小提示

由于此车型配置有车辆稳定控制系统 VSC，因此制动灯线路也随之改变而区别于仅配置制动防抱死制动系统 ABS 的车辆，增加了发动机舱 1 号继电器盒内的双触点制动灯控制继电器（BRK RELAY）。其功能是当接收来自防滑控制 ECU 的下坡辅助控制或上坡起步辅助控制的操作信号时，继电器触点 3 号脚和 5 号脚接通且制动灯点亮，而不再经制动灯控制继电器（STOP LIGHT CONTROL RELAY）供电来点亮制动灯。

③ 清除故障码。　□ 任务完成

④ 路试检查 VSC 系统工作是否正常，VSC 警告灯是否异常（自检、低速、高速三种工作状态下），请记录。

⑤ 再次读取故障码。　□ 任务完成

小提示

如果 VSC 系统中仍然存在故障码，则说明故障未被排除。

⑥ 请你确认故障已修复，并签字。　签名：________

______年______月______日

任务2　2003年款宝马7系轿车DSC系统故障检修

任务目标

1. 能记录车辆的基本信息及故障症状
2. 能根据维修任务，制订工作计划，并准备设备维修工具等
3. 能用专用诊断电脑读取DSC系统故障码，并根据读取的故障码确定故障范围
4. 能对DSC系统部件及电路进行检查和维修
5. 能根据检查结果更换故障部件，并能排除DSC系统故障
6. 能对工作任务完成情况做出评价、反馈和总结

任务描述

某一天，一名宝马7系轿车车主来到4S店，向服务顾问（SA）反映，其车辆出现DSC系统故障，希望得到帮助。SA接车后，将该车辆交付你所在的维修组进行维修作业。

图7－3　宝马7系轿车

想一想

请根据你所学到的知识，初步判断该任务的复杂程度，需要运用哪些知识、技能及工具，车辆需要进行哪些方面的检修以及需要多长时间、多少人来共同协作完成？

任务实施

（1）将车辆的基本信息及故障症状记录在表7－5中。

表 7-5　车辆基本信息及故障记录表

客户姓名		车型与车型年份	
驾驶员姓名		VIN 码	
车辆进厂日期		发动机型号	
车牌号码		里程表读数	km
首次发生故障日期			
产生故障频率	□ 经常发生 □ 有时发生（　　次/天　　次/月） □ 仅有一次		
故障症状	□ DSC 不工作		
	□ DSC 不能有效工作		
	DSC 警告灯异常：□ 持续点亮　　□ 不亮		

小提示

2003 年款宝马 745Li，车型为 E66，车辆行驶了 20×10^5 km。车主反映车辆正常行驶中仪表多个故障报警灯同时点亮报警，中央显示器显示“制动行车稳定性！平稳驾驶；驻车制动器有故障；高度调节故障；电子伺服转向系统失灵”的文字信息提示，同时感觉方向盘变得沉重。

车辆熄火后重新启动，各种报警现象消失，方向盘也恢复正常，但车辆没行驶多远，相同的故障现象又出现了。

（2）准备 DSC 系统检查维修所需的设备、仪表、工具、耗材等，并在表 7-6 中记录。

表 7-6　设备、工具、耗材准备记录表

名　称	型　号	数　量	是否会使用	是否准备好
数字万用表			□ 是　□ 否	□ 是　□ 否
手持式诊断电脑			□ 是　□ 否	□ 是　□ 否
专用示波器			□ 是　□ 否	□ 是　□ 否
维修手册			□ 是　□ 否	□ 是　□ 否

续上表

名称	型号	数量	是否会使用	是否准备好
常用工具			□是 □否	□是 □否
专用工具			□是 □否	□是 □否
耗材				

（3）用专用诊断电脑读取 DSC 系统故障码，根据读取的故障码确定故障范围。

① 将专用诊断电脑连接到诊断接口，打开点火开关。 □ 任务完成

② 打开诊断电脑，通过菜单选择或输入通道号的方式进入到 DSC 诊断系统的故障码读取项目。 □ 任务完成

③ 将读取的故障码记录下来。

④ 清除故障码，再次读取故障码，并记录下来。

小提示

如果故障码能够被清除，则说明该故障属于偶发性故障，或者是上一次检修时，维修技师在排除完故障后没有将故障码清除。如果两次都读到同样的故障码，则说明该故障为永久性故障，若故障不排除，故障码就无法清除。

如果 DSC 系统工作不正常，又没有故障码，这种故障不容易进行故障诊断。具体方法可参考相关车型的维修手册。

（4）请按照下列流程检查轮速传感器及其电路。

① 检查轮速传感器安装是否正确，外观是否完好。

- 插头是否连接良好。 □是 □否
- 拔出插接器观察是否有锈蚀、松动。 □是 □否
- 传感器外壳是否损坏。 □是 □否
- 传感器安装情况是否良好。 □是 □否

② 根据电路图进行就车检查。

图 7－4 是宝马 745Li 车型 DSC 系统轮速传感器电路图。按电路图，在实验车上找到相关轮速传感器端子，检查轮速传感器电阻，检查其到 DSC 控制单元（ECU）之间线束的短路、断路状况，并将检查结果填写在表 7－7 中。

表 7-7　轮速传感器电阻及线束检查表

检测项目	检测端子编号	检测值	维修意见
传感器电阻			□ 正常　□ 不正常
断路检查			□ 正常　□ 不正常
对地短路检查			□ 正常　□ 不正常
线间短路检查			□ 正常　□ 不正常

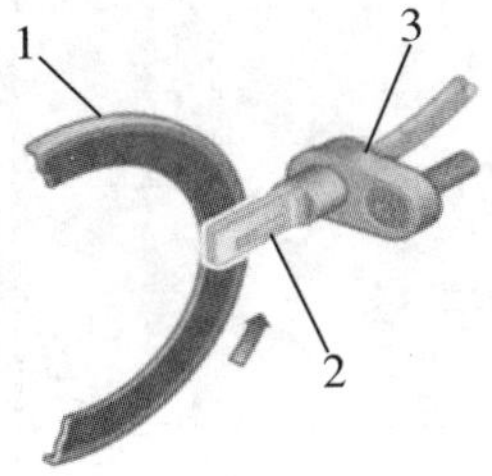

图 7-4　宝马 745Li 车型 DSC 系统轮速传感器

说明：1—传感器环/铁磁性车轮轴承密封件座；2—传感器 IC 及霍尔传感器；3—传感器壳体

③ 检查轮速传感器端部，如图 7-5、图 7-6 所示。

□ 任务完成

◆ 拆下轮速传感器。

◆ 检查传感器端部是否有划痕或异物。

□ 是　□ 否

小提示

该轮速传感器以霍尔原理工作，其特点在于它能识别前进和后退运动。在这样的车轮转速传感器中，磁铁将取代信号齿轮中齿的作用。磁铁分为南极和北极，交替布置在一个极性环上。

与被动式车轮转速传感器不同的是，主动式车轮转速传感器以规定的电压供电，并将车轮转速传感器中所生成的矩形波信号提供给控制单元。

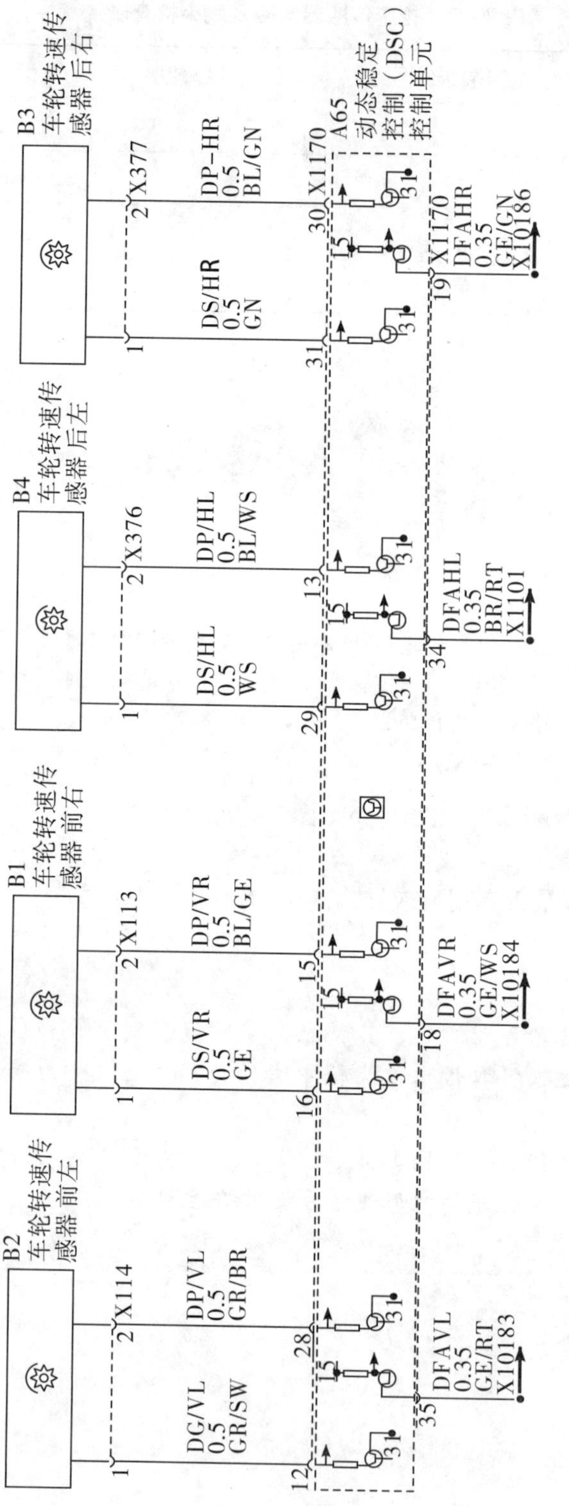

图7-5　车轮转速传感器电路图

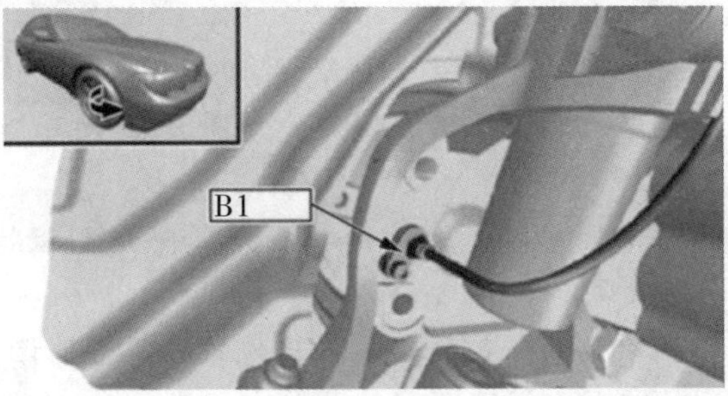

图 7－6　轮速传感器安装位置

（5）请按照下列流程检查 DSC 控制单元。

① 检查 DSC 控制单元线束插头安装是否正确，外观是否完好。

◆ 在车辆上找到 DSC 控制单元。　□ 任务完成

◆ 插头是否连接良好。　□ 是　□ 否

◆ 观察插接器是否有锈蚀、松动。　□ 是　□ 否

② 检查 DSC 保险丝是否正常。

◆ F39 保险丝是否正常。　□ 是　□ 否

F39 保险丝安培数________A

◆ F20 保险丝是否正常。　□ 是　□ 否

F20 保险丝安培数________A

◆ F17 保险丝是否正常。　□ 是　□ 否

F17 保险丝安培数________A

小提示

检查中发现 DSC 保险丝熔断，不要急于更换保险丝，而是应该先判定保险丝是因为短路烧断还是因为疲劳损坏。

③ 检查蓄电池电压是否正常。　□ 是　□ 否

④ 检查 DSC 控制单元的电源与接地是否正常。

◆ 打开点火开关，检查 DSC 控制单元的电源端子与接地端子之间的电压是否在正常范围内。　□ 是　□ 否

◆ 如果检测的电压不在正常范围内，请分别检查电源电路和接地电路是否有断路、对地短路、线间短路，并记录检测结果。

小提示

DSC 单元由 DSC 控制单元和液压单元组成，如图 7－7 所示。DSC 控制单元通过电磁阀线圈控制液压单元。DSC 控制单元连接在 FlexRay 上。

与 DSC 控制单元的通信失灵时，进行标准检测（整体测试模块）。存在某个控制单元内部故障时，预计将出现以下情况：

◆ 动态稳定控制系统（DSC）控制单元内出现故障码存储记录。

◆ 组合仪表上出现检查控制信息。

图 7－7　DSC 控制单元

说明：1—DSC 控制单元；2—带有泵的液压单元；3—47 芯插头连接

⑤ 请你在图 7－8 动态稳定控制系统（DSC）电源电路图中，用彩笔将 DSC 控制单元的电源电路描成红色，接地电路描成棕色。

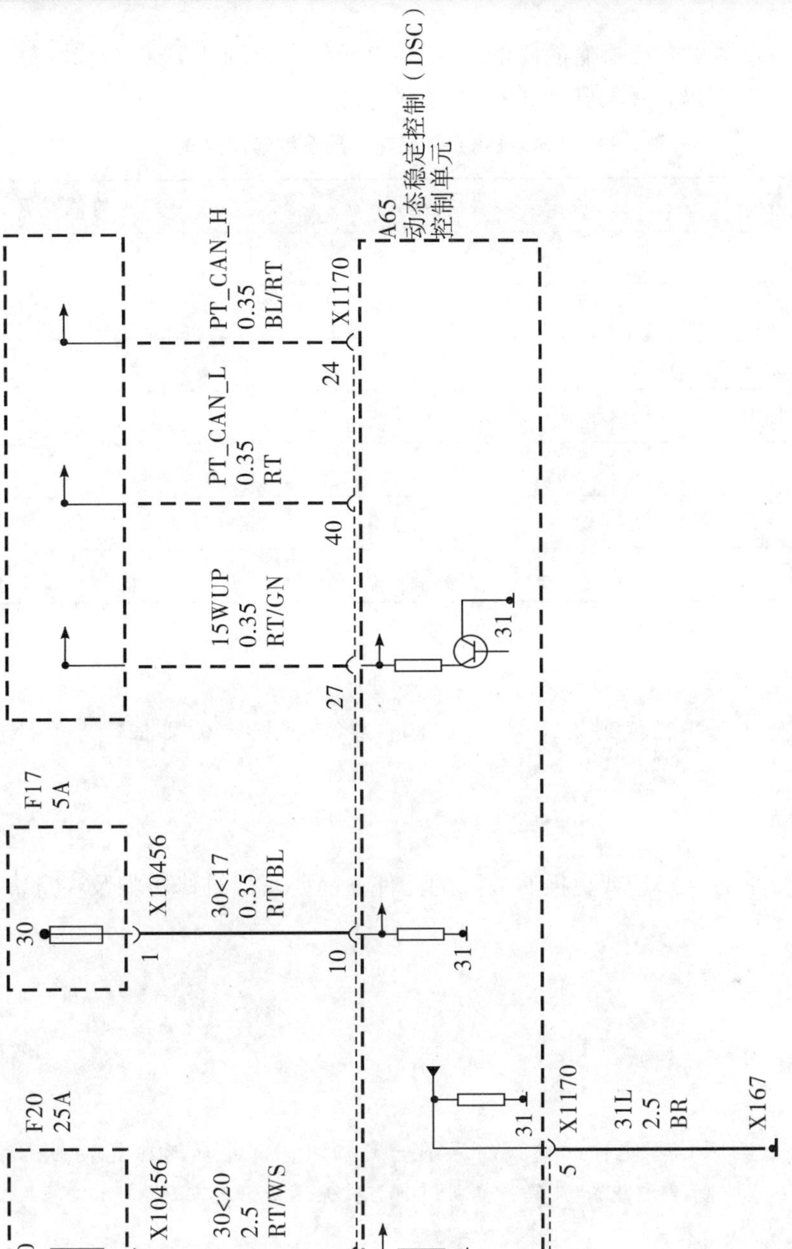

图7-8　动态稳定控制系统（DSC）电源电路图

（6）根据检查结果，更换有故障的 DSC 系统元件，并确认 DSC 系统恢复正常工作。

① 请根据检查结果，填写正确的维修意见，完成表 7－8。

表 7－8　DSC 系统元件检查结果及维修意见表

元件名称	检查结果	维修意见
轮速传感器		
保险丝		
插接器		
DSC 控制单元（ECU）		
DSC 警告灯		
诊断接口		
各线束及连接器		

小提示

在车辆维修工作中，找到故障部位，确定维修意见后，需要征得客户的同意才能进行修复。

② 参考维修手册，修理或更换有故障的元件，简要写出维修步骤及注意事项。

小提示

不同的车，其 DSC 各元件的更换程序不一定相同。有些车辆在更换 DSC 控制单元（ECU）后需要对控制单元重新编码，否则 DSC 系统不能正常工作。

③ 清除故障码。　　　　□ 任务完成

④ 路试检查 DSC 系统工作是否正常，DSC 警告灯是否异常（自检、低速、高速三种工作状态下），请记录。

⑤ 再次读取故障码。　　□ 任务完成

小提示

如果 DSC 系统中仍然存在故障码，则说明故障未被排除。

⑥ 请你确认故障已修复，并签字。　　签名：＿＿＿＿＿＿

＿＿＿年＿＿＿月＿＿＿日

评估反馈

1. 小组评价——日常表现性评价（由小组长或者小组成员评价）

序号	评估项目	评价结果
1	工作着装是否规范	□ 优　□ 良　□ 中　□ 差
2	实训任务填写情况	□ 优　□ 良　□ 中　□ 差
3	团队合作情况	□ 优　□ 良　□ 中　□ 差

2. 教师点评

□ 优　□ 良　□ 中　□ 差

教师签名：＿＿＿＿＿＿　　＿＿＿年＿＿＿月＿＿＿日

项目八
汽车电控动力转向、四轮转向系统检修

任务1　电控动力转向系统失效故障检修

任务目标

1. 能记录车辆的基本信息及故障症状
2. 能根据维修任务，制订工作计划，并准备设备维修工具等
3. 能用专用诊断电脑读取电控动力转向系统故障码，并根据读取的故障码确定故障范围
4. 能对电控动力转向系统部件及电路进行检查和维修
5. 能根据检查结果更换故障部件，并能排除电控动力转向系统失效故障
6. 能对工作任务完成情况做出评价、反馈和总结

任务描述

某一天，一名丰田卡罗拉轿车车主来到4S店，向服务顾问（SA）反映，其车辆出现电控动力转向系统失效故障，希望得到帮助。SA接车后，将该车辆交付你所在的维修组进行维修作业。

图8－1　丰田卡罗拉轿车

想一想

请根据你所学到的知识，初步判断该任务的复杂程度，需要运用哪些知识、技能及工具，车辆需要进行哪些方面的检修以及需要多长时间、多少人来共同协作完成？

任务实施

（1）将车辆的基本信息及故障症状记录在表8－1中。

表8－1　车辆基本信息及故障记录表

客户姓名		车型与车型年份	
驾驶员姓名		VIN码	
车辆进厂日期		发动机型号	
车牌号码		里程表读数	km
首次发生故障日期			
产生故障频率	□ 经常发生 □ 有时发生（　　次/天　　次/月） □ 仅有一次		
故障症状	□ 电控动力转向系统不工作		
	□ 电控动力转向系统不能有效工作		
	P/S警告灯异常：□ 持续点亮　□ 不亮		

小提示

该车为2010年款丰田卡罗拉车型，行驶里程约为 7.6×10^4 km，车主反映该车在行驶过程中转向特别沉重，同时p/s灯点亮。

（2）准备电控动力转向系统检查维修所需的设备、仪表、工具、耗材等，并在表8－2中记录。

表8－2　设备、工具、耗材准备记录表

名　称	型　号	数　量	是否会使用	是否准备好
数字万用表			□是　□否	□是　□否
手持式诊断电脑			□是　□否	□是　□否
专用示波器			□是　□否	□是　□否
维修手册			□是　□否	□是　□否
常用工具			□是　□否	□是　□否
专用工具			□是　□否	□是　□否
耗材				

（3）用手持式诊断电脑读取电控动力转向系统故障码，根据读取的故障码确定故障范围。

① 将手持式诊断电脑连接到诊断接口，打开点火开关。 □ 任务完成

② 打开手持式诊断电脑，通过菜单选择或输入通道号的方式进入到电控动力转向诊断系统的故障码读取项目。 □ 任务完成

③ 将读取的故障码记录下来。

④ 清除故障码，再次读取故障码，并记录下来。

小提示

如果故障码能够被清除，则说明该故障属于偶发性故障，或者是上一次检修时，维修技师在排除完故障后没有将故障码清除。如果两次都读到了同样的故障码，则说明该故障为永久性故障，若故障不排除，故障码就无法清除。

如果电控动力转向系统工作不正常，又没有故障码，这种故障不容易进行故障诊断。具体方法可参考相关车型的维修手册。

（4）请根据所读取的故障代码，查阅相关资料，写出它们的含义，以及它们之间的联系。

（5）请按照下列流程检查电控动力转向系统。

① 检查电控动力转向系统保险丝以及继电器是否正常。

◆ 检查电控动力转向系统保险丝是否正常。 □ 是 □ 否

◆ 检查电控动力转向系统继电器是否正常。 □ 是 □ 否

◆ 打开点火开关，测量保险丝是否正常电压。 □ 是 □ 否

小提示

检查中发现电控动力转向保险丝熔断，不要急于更换保险丝，而是应该先判定保险丝是因为短路烧断还是因为疲劳损坏。

② 检查转向机的线路以及插头是否正常，如图 8－2 所示。

◆ 查阅维修手册，拆下转向机挡板。 □ 任务完成

◆ 检查转向机插头是否松动或锈蚀。 □ 是 □ 否

◆ 检查转向机线束是否断路或烧蚀。 □ 是 □ 否

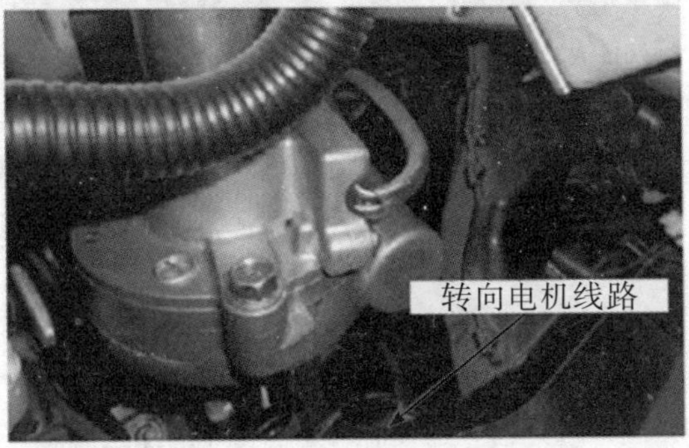

图 8－2 检查动力转向电机的线路连接情况

③ 检查转向角传感器的线路以及插头是否正常。

◆ 查阅维修手册，找到转向角传感器。 □ 任务完成

◆ 检查转向机传感器插头是否松动或锈蚀。 □ 是 □ 否

◆ 检查转向机传感器线束是否断路或烧蚀。 □ 是 □ 否

小提示

如图 8－3 所示为 2010 年款丰田卡罗拉车型转向角传感器电路图，RZG 是搭铁端子，RZV、RZSN、RZCS 是传感器信号端子（0.68 ~4.42 V）。

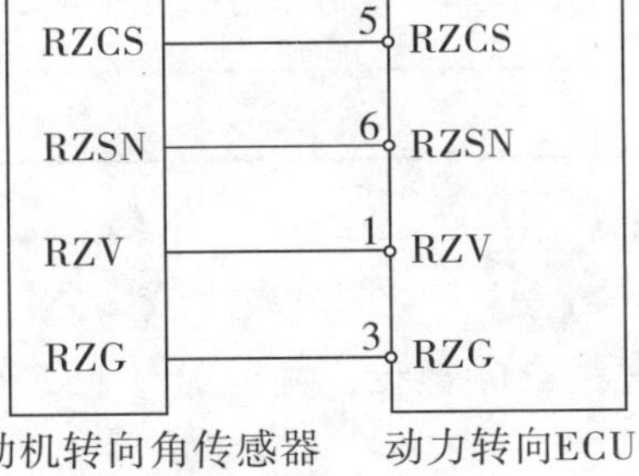

图 8－3 2010 年款丰田卡罗拉车型转向角传感器电路图

④ 检查蓄电池电压是否正常。 □ 是 □ 否

⑤ 检查 EPS 控制单元的电源与接地是否正常，如图 8－4 所示。

◆ 打开点火开关，检查 EPS 控制单元的电源端子与接地端子之间的电压是否在正常

范围内。 □是 □否

◆ 如果检测的电压不在正常范围内，请分别检查电源电路和接地电路是否有断路、对地短路、线间短路，并记录检测结果。

图 8－4 检查 EPS 控制单元的插头

（6）根据检查结果，更换有故障的电控动力转向系统元件，并确认电控动力转向系统可以正常工作。

① 请根据检查结果，填写正确的维修意见，完成表 8－3。

表 8－3 电控动力转向系统元件检查结果及维修意见表

元件名称	检查结果	维修意见
转向角传感器		
转向电机		
转向柱总成		
EPS 控制单元（ECU）		
EPS 警告灯		
诊断接口		
各线束及连接器		

小提示

在车辆维修工作中，找到故障部位，确定维修意见后，需要征得客户的同意才能进行修复。

② 参考维修手册，修理或更换有故障的元件，简要写出维修步骤及注意事项。

小提示

对于既有“转向角传感器初始化未完成”的故障码又有“转向角传感器故障”故障码时，应先排除“转向角传感器故障”后再进行初始化。显然，转向角传感器有故障是导致“转向角传感器初始化未完成”和“转向角传感器初始化不完全”的原因。

③ 清除故障码。　　□ 任务完成

④ 路试检查电控动力转向系统工作是否正常，电控动力转向警告灯是否异常（自检、低速、高速三种工作状态下），请记录。

⑤ 再次读取故障码。　　□ 任务完成

小提示

如果电控动力转向系统中仍然存在故障码，则说明故障未被排除。

⑥ 请你确认故障已修复，并签字。　　签名：________

______年______月______日

任务2　EPS系统故障警告灯常亮，转向困难故障检修

任务目标

1. 能记录车辆的基本信息及故障症状
2. 能根据维修任务，制订工作计划，并准备设备维修工具等
3. 能用专用诊断电脑读取EPS系统故障码，并根据读取的故障码确定故障范围
4. 能对EPS系统部件及电路进行检查和维修
5. 能根据检查结果更换故障部件，并能排除EPS系统故障警告灯常亮，转向困难故障
6. 能对工作任务完成情况做出评价、反馈和总结

任务描述

某一天，一名丰田卡罗拉轿车车主来到4S店，向服务顾问（SA）反映，其车辆出现EPS系统转向困难，故障警告灯常亮的故障，希望得到帮助。SA接车后，将该车辆交付你所在的维修组进行维修作业。

图8－5　丰田卡罗拉轿车

想一想

请根据你所学到的知识，初步判断该任务的复杂程度，需要运用哪些知识、技能及工具，车辆需要进行哪些方面的检修以及需要多长时间、多少人来共同协作完成？

任务实施

（1）将车辆的基本信息及故障症状记录在表8－4中。

表 8－4　车辆基本信息及故障记录表

客户姓名		车型与车型年份	
驾驶员姓名		VIN 码	
车辆进厂日期		发动机型号	
车牌号码		里程表读数	km
首次发生故障日期			
产生故障频率	□ 经常发生 □ 有时发生（　　次/天　　次/月） □ 仅有一次		
故障症状	□ EPS 不工作		
	□ EPS 不能有效工作		
	EPS 警告灯异常：□ 持续点亮　□ 不亮		

小提示

汽车处于起动或者低速行驶状态时，操纵方向盘转向，装在转向柱上的扭矩传感器不断检测作用于转向柱扭杆上的扭矩，并将此信号与车速信号同时输入电子控制器，处理器对输入信号进行运算处理，确定动力扭矩的大小和方向，从而控制电动机的电流和转向，起到为驾驶人员提供辅助转向力的作用；当车速超过一定的临界值或者出现故障时，EPS 系统退出助力工作模式，转向系统转入手动转向模式。不转向的情况下，电动机不工作。电控动力转向系统较易实现在不同的车速下实时地为汽车转向提供不同的动力效果，保证汽车在低速行驶时轻便灵活，高速行驶时稳定可靠。

（2）准备 EPS 系统检查维修所需的设备、仪表、工具、耗材等，并在表 8－5 中记录。

表 8－5　设备、工具、耗材准备记录表

名　称	型　号	数　量	是否会使用	是否准备好
数字万用表			□是　□否	□是　□否
手持式诊断电脑			□是　□否	□是　□否
专用示波器			□是　□否	□是　□否
维修手册			□是　□否	□是　□否
常用工具			□是　□否	□是　□否

续上表

名　称	型　号	数　量	是否会使用	是否准备好
专用工具			□是　□否	□是　□否
耗材				

（3）用手持式诊断电脑读取EPS系统故障码，根据读取的故障码确定故障范围。

① 将手持式诊断电脑连接到诊断接口，打开点火开关。　□ 任务完成

② 打开手持式诊断电脑，通过菜单选择或输入通道号的方式进入到ABS诊断系统的故障码读取项目。　□ 任务完成

③ 将读取的故障码记录下来。

④ 清除故障码，再次读取故障码，并记录下来。

小提示

如果故障码能够被清除，则说明该故障属于偶发性故障，或者是上一次检修时，维修技师在排除完故障后没有将故障码清除。如果两次都读到了同样的故障码，则说明该故障为永久性故障，若故障不排除，故障码就无法清除。

如果EPS系统工作不正常，又没有故障码，这种故障不容易进行故障诊断。具体方法可参考相关车型的维修手册。

（4）根据故障现象以及EPS系统故障码，写出出现此故障的原因。

小提示

一般来说，卡罗拉车型出现EPS警告灯亮，电控动力转向困难原因有很多，我们不能草率地下结论进行更换，若更换后故障依然存在，则会造成不必要的经济损失。所以我们必须谨慎检测，准确判断故障所在，排除故障问题。

(5) 根据电控动力转向系统电路进行测量，如图 8 -6 所示。

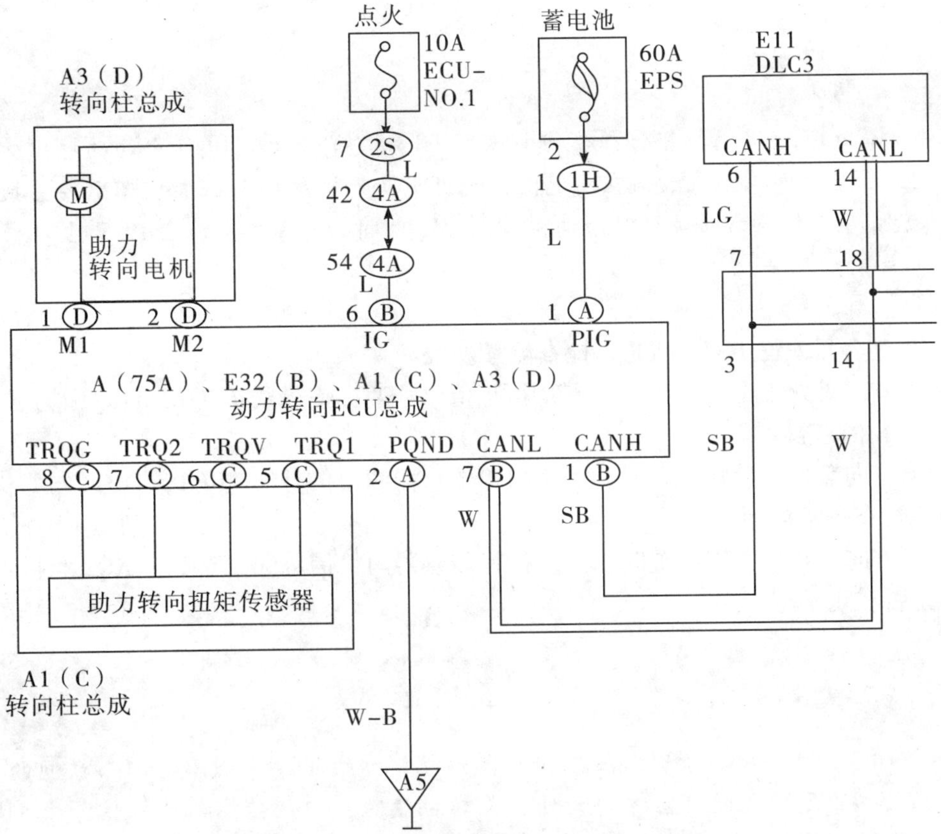

图 8 -6　丰田卡罗拉轿车电动转向电路图

① 在点火开关置于 OFF 挡时，检查测量。

◆ 电源线 PIG 与搭铁线 PQND 之间的电压是否在正常范围。　□是　□否

◆ 拔出动力转向电机插头测量电机两端 M1，M2 间的电阻是否在正常范围。

□是　□否

小提示

电源线 PIG 与搭铁线之间的正常电压为 12 V 左右；助力转向电机两端 M1，M2 间的电阻标准值在 0.08 ~0.15 Ω 之间。

② 在点火开关置于 ON 挡时，检查测量。

◆ 动力转向 ECU 提供扭矩传感器的电源线 TRQV 与搭铁线 TRQG 之间的电压是否在正常范围。

□是　□否

◆ 当方向盘处于左转位置时，测量电机 M1，M2 之间的电压值是否在正常范围。

□是　□否

◆ 当方向盘处于右转位置时，测量电机 M1，M2 之间的电压值是否在正常范围。

□ 是 □ 否

小提示

动力转向 ECU 提供扭矩传感器的电源线 TRQV 与搭铁线 TRQG 之间的电压标准值在 7.5 ~ 8.5 V 之间，如果数值在此范围内则说明动力转向 ECU 正常，不需要更换。不管方向盘处于左转或右转位置时，电机 M1，M2 之间的电压都应该在 12 V 左右。

③ 在点火开关置于 ON 挡时，检查测量。

◆ 当方向盘处于中心位置时，测量扭矩传感器两根信号线 TRQ1，TRQ2 与搭铁间的电压值是否在正常范围。 □ 是 □ 否

◆ 当方向盘处于左转位置时，测量扭矩传感器两根信号线 TRQ1，TRQ2 与搭铁间的电压值是否在正常范围。 □ 是 □ 否

◆ 当方向盘处于右转位置时，测量扭矩传感器两根信号线 TRQ1，TRQ2 与搭铁间的电压值是否在正常范围。 □ 是 □ 否

小提示

当方向盘处于中心位置时，扭矩传感器两根信号线 TRQ1，TRQ2 与搭铁间的电压值应在 2.3 ~ 2.5 V 之间；当方向盘处于左转位置时，扭矩传感器两根信号线 TRQ1，TRQ2 与搭铁间的电压值应在 0.3 ~ 2.5 V 之间；当方向盘处于右转位置时，扭矩传感器两根信号线 TRQ1，TRQ2 与搭铁间的电压值应在 2.5 ~ 4.7 V 之间。

（6）请你根据以上的检测步骤写出判断故障的原因，并给出理由。

小提示

由于丰田卡罗拉车型把动力转向电动机、扭矩传感器和转向柱集成到一起构成转向柱总成，所以更换了转向柱总成。

（7）根据检查结果，更换有故障的 EPS 系统元件，并确认 EPS 系统可以正常工作。

① 请根据检查结果，填写正确的维修意见，完成表 8 – 6。

表 8-6　EPS 系统元件检查结果及维修意见表

元件名称	检查结果	维修意见
扭矩传感器		
转向电机		
转向柱总成		
EPS 控制单元（ECU）		
EPS 警告灯		
诊断接口		
各线束及连接器		

小提示

在车辆维修工作中，找到故障部位，确定维修意见后，需要征得客户的同意才能进行修复。

② 参考维修手册，修理或更换有故障的元件，简要写出维修步骤及注意事项。

小提示

扭矩传感器是一个精密元件，当更换了扭矩传感器后，需要对其进行零点校正。

③ 根据提示进行零点校正的操作。

◆ 车前轮对准正前方，方向盘位于中心位置，点火开关打到 OFF 挡用两根导线分别连接诊断接口 DLC3 端子 12（TS）和端子 4（CG），13（TC）和端子 4（CG）。

□ 任务完成

◆ 点火开关打到 ON 挡，在 20 s 内连续接通和断开端子 13（TC）20 次以上，EPS 警告灯闪烁后保持常亮，断开 13（TC）和端子 4（CG）连接导线，然后把点火开关拨向 OFF 挡。

□ 任务完成

◆ 将点火开关再次打到 ON 挡，EPS 灯亮起后等待 7 s，确定 EPS 灯以 0.125 s 的间隔频率闪烁，零点校正完成，断开端子 12（TS）和端子 4（CG）连接线。

□ 任务完成

④ 清除故障码。 □ 任务完成

⑤ 路试检查 EPS 系统工作是否正常，EPS 警告灯是否异常（自检、低速、高速三种工作状态下），请记录。

⑥ 再次读取故障码。 □ 任务完成

小提示

如果 EPS 系统中仍然存在故障码，则说明故障未被排除。

⑦ 请你确认故障已修复，并签字。 签名：________

______年______月______日

任务3　2010年款宝马7系轿车后轮转向故障检修

任务目标

1. 能记录车辆的基本信息及故障症状
2. 能根据维修任务，制订工作计划，并准备设备维修工具等
3. 能用专用诊断电脑读取电控四轮转向系统故障码，并根据读取的故障码确定故障范围
4. 能对电控四轮转向系统部件及电路进行检查和维修
5. 能根据检查结果更换故障部件，并能排除电控四轮转向系统故障警告灯长亮故障
6. 能对工作任务完成情况做出评价、反馈和总结

任务描述

某一天，一名宝马7系轿车车主来到4S店，向服务顾问（SA）反映，其车辆出现后轮转向故障，希望得到帮助。SA接车后，将该车辆交付你所在的维修组进行维修作业。

图8－7　宝马7系轿车

想一想

请根据你所学到的知识，初步判断该任务的复杂程度，需要运用哪些知识、技能及工具，车辆需要进行哪些方面的检修以及需要多长时间、多少人来共同协作完成？

任务实施

（1）将车辆的基本信息及故障症状记录在表8－7中。

表 8－7　车辆基本信息及故障记录表

客户姓名		车型与车型年份	
驾驶员姓名		VIN 码	
车辆进厂日期		发动机型号	
车牌号码		里程表读数	km
首次发生故障日期			
产生故障频率	□ 经常发生 □ 有时发生（　　次/天　　　次/月） □ 仅有一次		
故障症状	□ 电控四轮转向系统不工作		
	□ 电控四轮转向系统不能有效工作		
	方向盘图标：□ 持续点亮　　□ 不亮		
	行驶控制系统警告灯异常：□ 持续点亮　　□ 不亮		

小提示

2010 年款宝马 7 系轿车，车型为 740 Li，车辆行驶了约 5×10^4 km，车主反映车辆行驶中转向系统报警，转向变得沉重。

（2）准备电控四轮转向系统检查维修所需的设备、仪表、工具、耗材等，并在表 8－8中记录。

表 8－8　设备、工具、耗材准备记录表

名　称	型　号	数　量	是否会使用	是否准备好
数字万用表			□ 是　□ 否	□ 是　□ 否
手持式诊断电脑			□ 是　□ 否	□ 是　□ 否
专用示波器			□ 是　□ 否	□ 是　□ 否
维修手册			□ 是　□ 否	□ 是　□ 否
常用工具			□ 是　□ 否	□ 是　□ 否
专用工具			□ 是　□ 否	□ 是　□ 否
耗材				

（3）用宝马车型专用诊断电脑 ISTA 读取电控四轮转向系统故障码，根据读取的故障码确定故障范围。

① 连接宝马车型专用充电器对车辆进行充电。 □ 任务完成

② 将宝马车型专用诊断电脑连接到诊断接口，打开点火开关。 □ 任务完成

③ 打开诊断电脑，通过菜单选择或输入底盘号的方式进入到电控四轮转向诊断系统的故障码读取项目。 □ 任务完成

④ 将读取的故障码记录下来。

⑤ 清除故障码，再次读取故障码，并记录下来。

小提示

如果故障码能够被清除，则说明该故障属于偶发性故障，或者是上一次检修时，维修技师在排除完故障后没有将故障码清除。如果两次都读到了同样的故障码，则说明该故障为永久性故障，若故障不排除，故障码就无法清除。

如果电控四轮转向系统工作不正常，又没有故障码，这种故障不容易进行故障诊断，具体方法可参考相关车型的维修手册。

⑥ 请根据以上故障信息，结合自己的经验，判断车辆存在哪些故障。

小提示

这款宝马 740Li 车型配置有一体化主动转向控制，它包括主动转向控制（AL）和后桥侧向偏离调节（HSR）。后桥侧向偏离调节（HSR）控制模块安装在后备箱凹坑中。HSR 控制后桥侧向偏离调节作动器中的伺服电机，HSR 控制模块中的一个温度传感器监控伺服电机的末级，在执行器中安装有一个电机位置传感器以及一个转向横拉杆位置传感器。这些传感器的信号由 HSR 控制模块进行分析。HSR 控制模块通过主动转向控制（AL）控制模块与 FlexRay 连接，如图 8－8 所示。

（4）请按照 ISTA 诊断系统的检测计划，检查并排除故障。

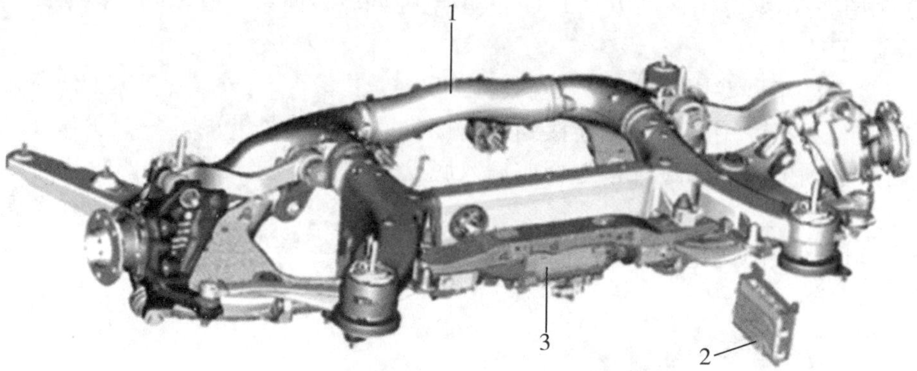

图 8-8 后桥侧向偏离调节（HSR）结构图

说明：1—后桥架梁；2—后桥侧向偏离调节（HSR）控制单元；3—后桥侧向偏离调节（HSR）执行器

① 检查转向横拉杆线束插头安装是否正确，外观是否完好。

◆ 插头是否连接良好。 □是 □否

◆ 拔出插接器观察是否有锈蚀、松动。 □是 □否

② 检查 HSR 电机位置传感器线束插头安装是否正确，外观是否完好。

◆ 插头是否连接良好。 □是 □否

◆ 拔出插接器观察是否有锈蚀、松动。 □是 □否

③ 检查 HSR 伺服电机线束插头安装是否正确，外观是否完好。

◆ 插头是否连接良好。 □是 □否

◆ 拔出插接器观察是否有锈蚀、松动。 □是 □否

④ 检查 HSR 控制单元线束插头安装是否正确，外观是否完好。

◆ 插头是否连接良好。 □是 □否

◆ 拔出插接器观察是否有锈蚀、松动。 □是 □否

⑤ 检查 HSR 保险丝是否正常。 □是 □否

小提示

检查中发现 HSR 保险丝熔断，不要急于更换保险丝，而是应该先判定保险丝是因为短路烧断还是因为疲劳损坏。

⑥ 检查蓄电池电压是否正常。 □是 □否

⑦ 在后桥跑偏角调节电源电路图中，用彩笔将 HSR 控制单元的电源电路描成红色，接地电路描成棕色，如图 8-9 所示。

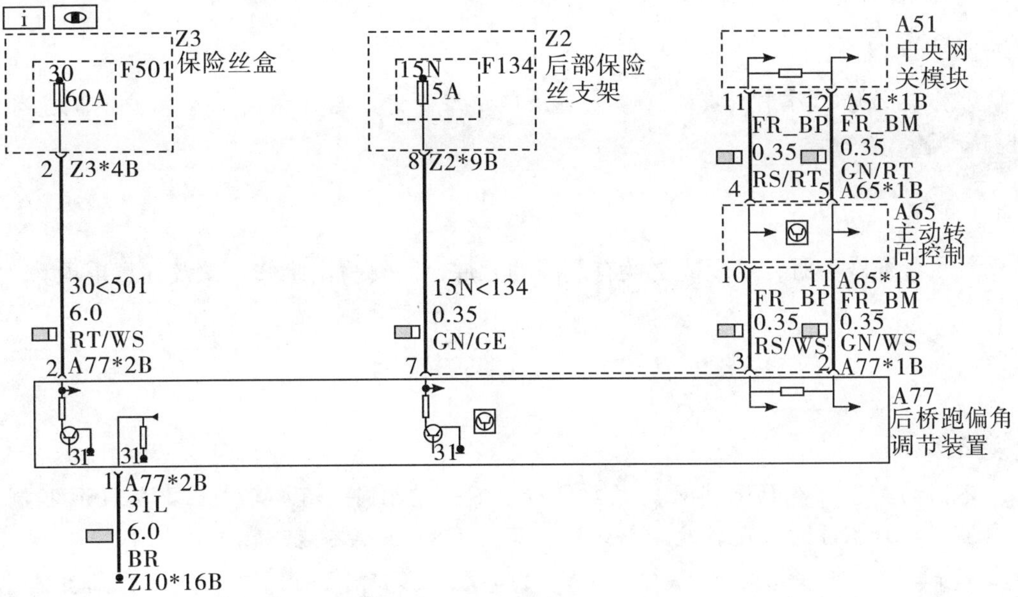

图 8 – 9　后桥跑偏角调节电源

⑧ 检查 HSR 控制单元的电源与接地是否正常。

◆ 打开点火开关，检查 HSR 控制单元的电源端子与接地端子之间的电压是否在正常范围内。　　□是　□否

◆ 如果检测的电压不在正常范围内，请分别检查电源电路和接地电路是否有断路、对地短路、线间短路，并记录检测结果。

（5）根据检查结果，更换有故障的 HSR 系统元件，并确认 HSR 系统可以正常工作。

① 请根据检查结果，填写正确的维修意见，完成表 8 – 9。

表 8 – 9　HSR 系统元件检查结果及维修意见表

元件名称	检查结果	维修意见
电机位置传感器		
转向横拉杆传感器		
伺服电机		
HSR 控制单元（ECU）		
HSR 警告灯		
诊断接口		
各线束及连接器		

小提示

在车辆维修工作中，找到故障部位，确定维修意见后，需要征得客户的同意才能进行修复。

② 参考维修手册，修理或更换有故障的元件，简要写出维修步骤及注意事项。

小提示

不同的车型，其 HSR 各元件的更换程序不一定相同。有些车型在更换 HSR 控制单元（ECU）后需要对控制单元重新编码，否则 HSR 系统不能正常工作。

③ 全车编程设码。 □ 任务完成

④ 清除故障码。 □ 任务完成

⑤ 路试检查 HSR 系统工作是否正常，HSR 警告灯是否异常（自检、低速、高速三种工作状态下），请记录。

⑥ 再次读取故障码。 □ 任务完成

小提示

如果 HSR 系统中仍然存在故障码，则说明故障未被排除。

⑦ 请你确认故障已修复，并签字。 签名：__________

______年______月______日

任务4　HSR 故障导致车辆行驶中方向盘变歪故障检修

任务目标

1. 能记录车辆的基本信息及故障症状
2. 能根据维修任务，制订工作计划，并准备设备维修工具等
3. 能用专用诊断电脑读取电控四轮转向系统故障码，并根据读取的故障码确定故障范围
4. 能对电控四轮转向系统部件及电路进行检查和维修
5. 能根据检查结果更换故障部件，并能排除 HSR 故障导致车辆行驶中方向盘变歪故障
6. 能对工作任务完成情况做出评价、反馈和总结

任务描述

某一天，一名宝马 7 系轿车车主来到 4S 店，向服务顾问（SA）反映，其车辆在正常的直线行驶中方向盘突然变歪，希望得到帮助。SA 接车后，将该车辆交付你所在的维修组进行维修作业。

图 8－10　宝马 7 系轿车

想一想

请根据你所学到的知识，初步判断该任务的复杂程度，需要运用哪些知识、技能及工具，车辆需要进行哪些方面的检修以及需要多长时间、多少人来共同协作完成？

任务实施

（1）将车辆的基本信息及故障症状记录在表 8－10 中。

表 8－10　车辆基本信息及故障记录表

客户姓名		车型与车型年份	
驾驶员姓名		VIN 码	
车辆进厂日期		发动机型号	
车牌号码		里程表读数	km
首次发生故障日期			
产生故障频率	□ 经常发生 □ 有时发生（　　次/天　　　次/月） □ 仅有一次		
故障症状	□ 电控四轮转向系统不工作		
	□ 电控四轮转向系统不能有效工作		
	方向盘图标：□ 持续点亮　　□ 不亮		
	行驶控制系统警告灯异常：□ 持续点亮　　□ 不亮		

小提示

2010 年款宝马 7 系轿车，车型为 740Li，车辆行驶了约 1×10^4 km，车主反映车辆在正常的直线行驶中方向盘突然变歪，仪表中方向盘图标和行驶控制系统黄色报警灯点亮，并显示“行驶控制系统失效”的文字信息提示，在中央显示屏也报警提示底盘控制系统失效，车辆不能进行稳定性调节，转向性能和行车舒适性受到影响。

（2）准备电控四轮转向系统检查维修所需的设备、仪表、工具、耗材等，并在表 8－11中记录。

表 8－11　设备、工具、耗材准备记录表

名　称	型　号	数　量	是否会使用	是否准备好
数字万用表			□ 是　□ 否	□ 是　□ 否
手持式诊断电脑			□ 是　□ 否	□ 是　□ 否
专用示波器			□ 是　□ 否	□ 是　□ 否
维修手册			□ 是　□ 否	□ 是　□ 否
常用工具			□ 是　□ 否	□ 是　□ 否
专用工具			□ 是　□ 否	□ 是　□ 否
耗材				

（3）用宝马车型专用诊断电脑 ISTA 读取电控四轮转向系统故障码，根据读取的故障码确定故障范围。

① 连接宝马车型专用充电器对车辆进行充电。　□ 任务完成

② 将宝马车型专用诊断电脑连接到诊断接口，打开点火开关。　□ 任务完成

③ 打开诊断电脑，通过菜单选择或输入底盘号的方式进入到电控四轮转向诊断系统的故障码读取项目。　□ 任务完成

④ 将读取的故障码记录下来。

⑤ 清除故障码，再次读取故障码，并记录下来。

小提示

如果故障码能够被清除，则说明该故障属于偶发性故障，或者是上一次检修时，维修技师在排除完故障后没有将故障码清除。如果两次都读到了同样的故障码，则说明该故障为永久性故障，若故障不排除，故障码就无法清除。

如果电控四轮转向系统工作不正常，又没有故障码，这种故障不容易进行故障诊断，具体方法可参考相关车型的维修手册。

（4）请根据以上故障信息，结合自己的经验，判断车辆存在哪些故障。

小提示

SA 接车后试车确认了车主反映的故障现象，在车辆的行驶中为了保持直线的行驶轨迹，必须把方向盘向左转向约 30°。如果处于方向盘正常的直线行驶状态，则车辆明显向右偏向行驶。如图 8－11 所示。

（5）初步怀疑是车辆的底盘受到撞击导致的，检查底盘相关部件。

① 向车主确认底盘是否受到过撞击。　□ 是　□ 否

图 8－11　方向盘左偏 30°

② 车辆停在原地并观察前轮直线行驶时，方向盘是否对中。　□ 是　□ 否

③ 举升车辆，检查底盘护板外观是否完好。　□ 是　□ 否

④ 检查车辆轮胎是否有撞击或者偏磨的情况。　□ 是　□ 否

小提示

后桥侧向偏离调节执行器中安装有以下 3 个部件，如图 8－12 所示。

◆ 伺服马达。电动机械式作动器由一个伺服马达组成，该马达通过一个螺杆传动装置移动两根转向横拉杆。转向横拉杆与随动转向臂连接。作动器的最大提升运动设计为 8 mm，可在车轮上引起一个最大 3°的转角。后轮转向系的螺杆传动装置采用自锁结构。发生系统故障后，车辆的行驶性能就像没有后轮转向系一样。

◆ 马达位置传感器。马达位置传感器由一个磁阻元件和一个永久磁铁组成。永久磁铁位于伺服马达转子轴的正面上。磁阻元件测量水平和垂直方向上的磁场方向。马达位置传感器的测量范围为 180°。马达位置传感器提供两个电压信号，旋转 360°会出现两个信号顺序，根据两个电压信号计算出马达位置。HSR 控制单元统计旋转半圈的次数，并在关闭点火开关时存储。

◆ 转向横拉杆位置传感器。转向横拉杆位置传感器是一个无接触位置传感器（永久磁铁线性无接触位移测量 PLCD）。转向横拉杆位置传感器主要由一个软磁性材料制成的专用铁芯组成。在这个铁芯的整个长度上缠绕着一个线圈（初级线圈）。在两端，铁芯各有一个短的分析线圈，一个靠近传感器的永久磁铁会导致局部磁饱和。因此可以确定位置。

图 8-12 后桥侧向偏离调节执行器结构

说明：1—后桥侧向偏离调节执行器；2—转向横拉杆位置传感器插头连接（4芯）；3—伺服马达插头连接（3芯）；4—马达位置传感器插头连接（4芯）

（6）请按照 ISTA 诊断系统的检测计划，检查并排除故障。

① 检查转向横拉杆线束插头安装是否正确，外观是否完好。

◆ 插头是否连接良好。 □是 □否

◆ 拔出插接器观察是否有锈蚀、松动。 □是 □否

② 检查 HSR 电机位置传感器线束插头安装是否正确，外观是否完好。

◆ 插头是否连接良好。 □是 □否

◆ 拔出插接器观察是否有锈蚀、松动。 □是 □否

③ 检查 HSR 伺服电机线束插头安装是否正确，外观是否完好。

◆ 插头是否连接良好。 □是 □否

◆ 拔出插接器观察是否有锈蚀、松动。 □是 □否

④ 检查 HSR 控制单元线束插头安装是否正确，外观是否完好。

◆ 插头是否连接良好。 □是 □否

◆ 拔出插接器观察是否有锈蚀、松动。 □是 □否

⑤ 请根据后桥跑偏角调节电源图，检查 HSR 保险丝是否正常，如图 8-13 所示。

□是 □否

⑥ 检查蓄电池电压是否正常。 □是 □否

⑦ 检查 HSR 控制单元的电源与接地是否正常。

◆ 打开点火开关，检查 HSR 控制单元的电源端子与接地端子之间的电压是否在正常范围内。 □是 □否

◆ 如果检测的电压不在正常范围内，请分别检查电源电路和接地电路是否有断路、对地短路、线间短路，并记录检测结果。

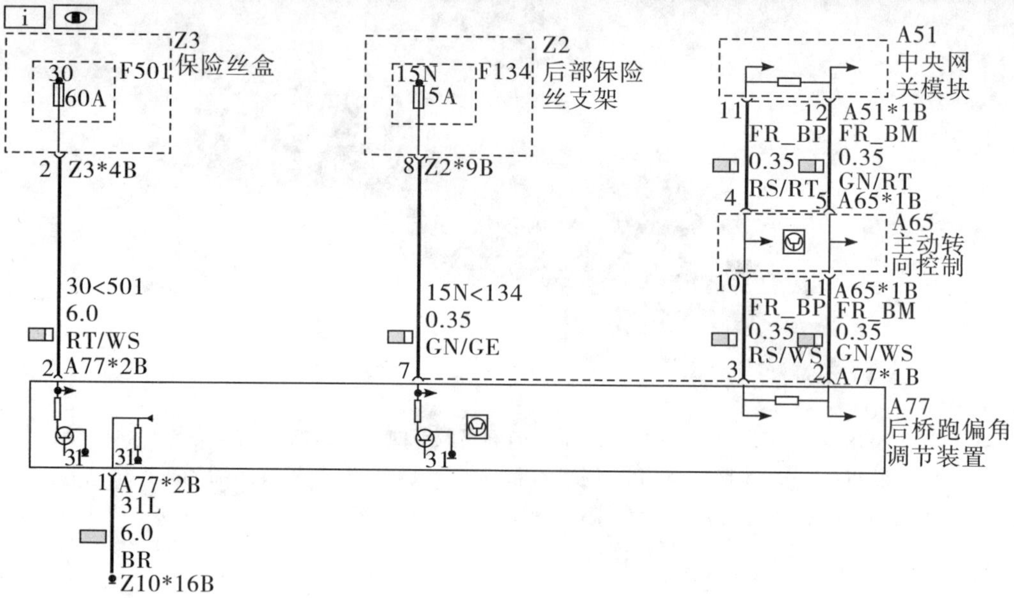

图 8－13　后桥跑偏角调节电源

（7）根据检查结果，更换有故障的 HSR 系统元件，并确认 HSR 系统可以正常工作。

① 请根据检查结果，填写正确的维修意见，完成表 8－12。

表 8－12　HSR 系统元件检查结果及维修意见表

元件名称	检查结果	维修意见
电机位置传感器		
转向横拉杆传感器		
伺服电机		
HSR 控制单元（ECU）		
HSR 警告灯		
诊断接口		
各线束及连接器		

小提示

在车辆维修工作中，找到故障部位，确定维修意见后，需要征得客户的同意才能进行修复。

② 参考维修手册，修理或更换有故障的元件，简要写出维修步骤及注意事项。

小提示

不同的车型，其 HSR 各元件的更换程序不一定相同。有些车辆在更换 HSR 控制单元（ECU）后需要对控制单元重新编码，否则 HSR 系统不能正常工作。

③ 全车编程设码。　　□ 任务完成

④ 清除故障码。　　□ 任务完成

⑤ 路试检查 HSR 系统工作是否正常，HSR 警告灯是否异常（自检、低速、高速三种工作状态下），请记录。

⑥ 再次读取故障码。　　□ 任务完成

小提示

如果系统中仍然存在故障码，则说明故障未被排除。

⑦ 请你确认故障已修复，并签字。　　签名：__________

______年______月______日

评估反馈

1. 小组评价——日常表现性评价（由小组长或者组内成员评价）

序号	评估项目	评价结果
1	工作着装是否规范	□ 优　□ 良　□ 中　□ 差
2	实训任务填写情况	□ 优　□ 良　□ 中　□ 差
3	团队合作情况	□ 优　□ 良　□ 中　□ 差

2. 教师点评

□ 优　□ 良　□ 中　□ 差

教师签名：__________　　______年______月______日

项目九 底盘电控系统综合故障诊断与排除

任务1 2008年款宝马7系轿车传动系统故障检修

任务目标

1. 能记录车辆的基本信息及故障症状
2. 能根据维修任务，制订工作计划，并准备设备维修工具等
3. 能用专用诊断电脑读取电控动力转向系统故障码，并根据读取的故障码确定故障范围
4. 能对传动系统部件及电路进行检查和维修
5. 能根据检查结果更换故障部件，并能排除传动系统变速器锁挡的故障
6. 能对工作任务完成情况做出评价、反馈和总结

任务描述

某一天，一名宝马7系轿车车主来到4S店，向服务顾问（SA）反映，其车辆出现传动系统变速器锁挡的故障，希望得到帮助。SA接车后，将该车辆交付你所在的维修组进行维修作业。

图9－1 宝马7系轿车

想一想

请根据你所学到的知识，初步判断该任务的复杂程度，需要运用哪些知识、技能及工具，车辆需要进行哪些方面的检修以及需要多长时间、多少人来共同协作完成？

任务实施

（1）将车辆的基本信息及故障症状记录在表9－1中。

表9－1 车辆基本信息及故障记录表

客户姓名		车型与车型年份	
驾驶员姓名		VIN码	
车辆进厂日期		发动机型号	
车牌号码		里程表读数	km
首次发生故障日期			
产生故障频率	□ 经常发生 □ 有时发生（ 次/天 次/月） □ 仅有一次		
故障症状	□ 传动系统不工作		
	□ 传动系统不能有效工作		
	传动系统警告灯异常：□ 持续点亮 □ 不亮		

小提示

2008年款宝马7系轿车，车型730Li，搭载使用德国采埃孚（ZF）公司生产的第二代6HP－19型升级版6挡自动变速器。初期变速器经常性不换挡（锁挡），维修后凉车换挡正常，热车后仍然会出现打滑并锁挡的故障。通过试车得到初期的故障现象：3～4挡打滑和4～5挡打滑，故障指示灯点亮时变速器锁挡。

（2）准备传动系统检查维修所需的设备、仪表、工具、耗材等，并在表9－2中记录。

表9－2 设备、工具、耗材准备记录表

名 称	型 号	数 量	是否会使用	是否准备好
数字万用表			□是 □否	□是 □否
ISID诊断电脑			□是 □否	□是 □否
专用示波器			□是 □否	□是 □否

续上表

名 称	型 号	数 量	是否会使用	是否准备好
维修手册			□是 □否	□是 □否
常用工具			□是 □否	□是 □否
专用工具			□是 □否	□是 □否
耗材				

（3）用 ISID 诊断电脑读取传动系统故障码，根据读取的故障码确定故障范围。

① 将 ISID 诊断电脑连接到诊断接口，打开点火开关。 □ 任务完成

② 打开 ISID 诊断电脑，通过菜单选择或输入通道号的方式进入到传动系统的故障码读取项目。 □ 任务完成

③ 将读取的故障码记录下来。

④ 清除故障码，再次读取故障码，并记录下来。

（4）分析故障。

① 请根据车主反映及试车发现的故障，结合所学知识，试分析出现此故障的原因有哪些？如图 9－2 所示。

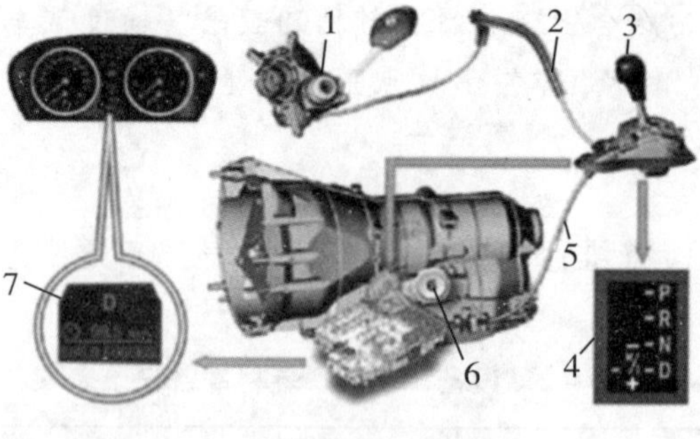

图 9－2 自动变速器控制系统概览图

说明：1—点火开关；2—用于拔出锁止的拉线（互锁）；3—换挡杆；4—换挡杆上的换挡示意图照明；5—用于行驶挡开关和驻车锁止器的拉线；6—机械电子装置模块；7—组合仪表中的显示

② 变速器解体检查。

◆ ATF 油的品质是否正常。　□ 是　□ 否

◆ 各元件是否磨损。　□ 是　□ 否

◆ 密封元件是否良好。　□ 是　□ 否

◆ 滤清器是否正常。　□ 是　□ 否

③ 针对以上分析检查，你认为故障部位在哪里？如何解决。

④ 更换新的电子液压模块编程后，故障能否排除。你从中得到什么规律或总结。如图 9－3 所示。

◆ 更换电子液压模块。　□ 任务完成

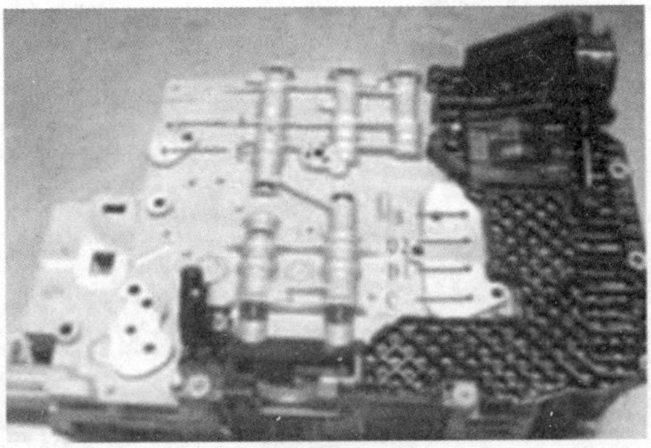

图 9－3　电子液压模块总成

◆ 对电子液压模块单独编程。　□ 任务完成

小提示

在进行变速器大修时一般会习惯性地先给元件进行打压试验（验证活塞密封性能），然后在未安装电子液压模块前再次给各元件打压试验（不仅是元件本身还有油路），如果此时能够听到（一般都采用压缩空气）元件运作时的声音，一般来讲，变速器机械部分就是正常的。在专业修理厂基本都采用打压机以液压的形式给元件进行液压测试以证明元件及其油路密封性的好坏。

（5）对离合器及制动器进行加压试验。如图 9－4 所示。

图 9－4　变速器上的各元件供油位置

① 检查制动器 C。

◆ 制动器活塞能否正常动作。　□是　□否

◆ 是否有空气泄漏声。　□是　□否

② 检查离合器 E。

◆ 离合器活塞能否正常动作。　□是　□否

◆ 是否有空气泄漏声。　□是　□否

小提示

通过实物可以了解的是元件离合器 B、制动器 C 和 D 的供油油路均有密封可靠的橡胶导管，而离合器 A 和 E 直接通过机械端面接触，因此多少都会有微量的油泄漏。

③ 通过对比加压试验，可以得出制动器 C、D 以及离合器 A、B、E 的性能结果，并对比故障现象分析原因。

④ 检查离合器 E 输入轴的偏摆量，如图 9－5 所示。

图 9－5　输入轴偏摆量的检查

◆ 请写出输入轴偏摆量的测量数值，合理解释偏摆量对离合器的影响。

图 9-6　制动器 C 和 D

小提示

制动器 C 与制动器 D 集于一体（俗称 C/D 双面鼓），如图 9-6 所示。

⑤ 离合器 E 的轴与轴套间的密封间隙检测，如图 9-7 至图 9-9 所示。

图 9-7　输入轴上的各路油道

图 9 - 8　进行离合器 E 的供油密封处的轴与轴套间隙值的测量

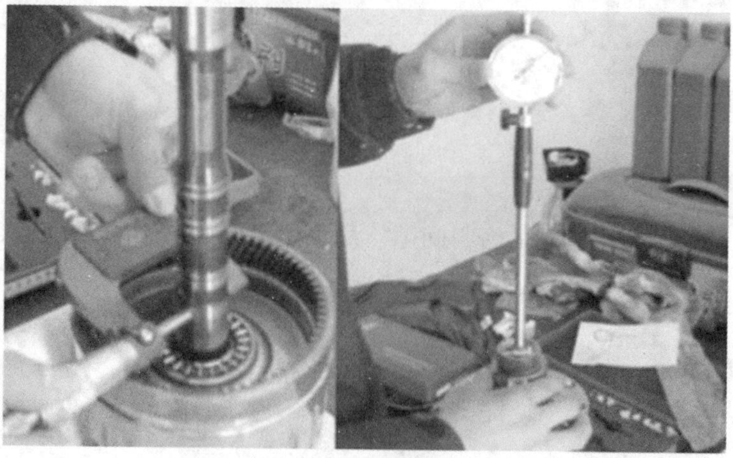

图 9 - 9　再次重新进行测量过程

◆ 按照标准对离合器 E 的轴与轴套间的密封间隙进行检测，并写出测量结果。

小提示

由于轴套（铝套）磨损得非常均匀，一般直观是看不出来的，因此也就被大家所忽略了。虽说轴与轴套间的配合间隙没有发动机活塞与缸筒间的配合间隙那么精密，但如果间隙过大则会直接影响到离合器 E 的工作。

⑥ 试分析为什么当前这么多的 6HP 变速器的轴套形成磨损。

小提示

在采埃孚第二代6HP－19变速器与第一代变速器的区别主要在于元件的控制上（如图9－10所示），那就是，该款变速器使用了两个开关型电磁阀（一个是手动阀及驻车功能控制阀，另一个是油路切换阀，主要实现故障模式下的3挡油路）和7个高频率线性电磁阀（过去第一代是6个），真正实现了一对一控制的换挡策略（A、B、C、D、E分别由5个电磁阀直接控制），过去A、B、C、D、E这5个元件是由4个电磁阀控制的，这样换挡响应更加便捷。

图9－10　新一代6HP－19变速器电子液压模块

（6）根据检查结果，更换有故障的传动系统元件，并确认传动系统可以正常工作。

① 请根据检查结果，填写正确的维修意见，完成表9－3。

表9－3　传动系统元件检查结果及维修意见表

元件名称	检查结果	维修意见
密封元件		
离合器		
制动器		
变速器电子液压模块		
轴承		
诊断接口		
轴套		

小提示

车辆维修工作中，找到故障部位，确定维修意见后，需要征得客户的同意才能进行修复。

② 参考维修手册，修理或更换有故障的元件，简要写出维修步骤及注意事项。

小提示

通过该案例的二次返修可得出：新型自动变速器的故障诊断，思路尤为重要，同时对机械部件的精确检修也相当重要。传统的检测过程已经不能说明一切，由于电控系统对信息的计算越来越精确，而且对控制要求也越来越高，因此传统维修势必成为历史，改变传统维修观念，树立正确的科学的思维观念，是我们这一代汽修人的必备条件。

③ 清除故障码。 □ 任务完成

④ 路试检查传动系统工作是否正常，变速器警告灯是否异常（自检、低速、高速三种工作状态下），请记录。

⑤ 再次读取故障码。 □ 任务完成

小提示

如果传动系统中仍然存在故障码，则说明故障未被排除。

⑥ 请你确认故障已修复，并签字。 签名：______

______年______月______日

任务2　宝马5系轿车转向系统故障检修

任务目标

1. 能记录车辆的基本信息及故障症状
2. 能根据维修任务，制订工作计划，并准备设备维修工具等
3. 能用专用诊断电脑读取转向系统故障码，并根据读取的故障码确定故障范围
4. 能对转向系统部件及电路进行检查和维修
5. 能根据检查结果更换故障部件，并能排除转向系统沉重故障
6. 能对工作任务完成情况做出评价、反馈和总结

任务描述

某一天，一名宝马5系轿车车主来到4S店，向服务顾问（SA）反映，其车辆出现转向系统转向沉重，希望得到帮助。SA接车后，将该车辆交付你所在的维修组进行维修作业。

图9－11　宝马5系轿车

想一想

请根据你所学到的知识，初步判断该任务的复杂程度，需要运用哪些知识、技能及工具，车辆需要进行哪些方面的检修以及需要多长时间、多少人来共同协作完成？

任务实施

（1）将车辆的基本信息及故障症状记录在表9－4中。

表 9－4　车辆基本信息及故障记录表

客户姓名		车型与车型年份	
驾驶员姓名		VIN 码	
车辆进厂日期		发动机型号	
车牌号码		里程表读数	km
首次发生故障日期			
产生故障频率	□ 经常发生 □ 有时发生（　　　次/天　　　次/月） □ 仅有一次		
故障症状	□ 转向系统不工作		
	□ 转向系统不能有效工作		
	转向系统警告灯异常：□ 持续点亮　□ 时亮时灭　□ 不亮		

小提示

该车型为宝马 5 系轿车，车型 520i，配置 M54 发动机，行驶里程为约 11×10^5 km。车主反映车辆在行驶中偶尔转向盘会变重；当故障出现后遮阳板上化妆镜灯也会不亮；转向盘上喇叭不响；转向盘上多功能转向盘按键失灵；不踩制动踏板时制动灯会自动点亮等故障现象。

（2）准备转向系统检查维修所需的设备、仪表、工具、耗材等，并在表 9－5 中记录。

表 9－5　设备、工具、耗材准备记录表

名　称	型　号	数　量	是否会使用	是否准备好
数字万用表			□ 是　□ 否	□ 是　□ 否
ISID 诊断电脑			□ 是　□ 否	□ 是　□ 否
专用示波器			□ 是　□ 否	□ 是　□ 否
维修手册			□ 是　□ 否	□ 是　□ 否
常用工具			□ 是　□ 否	□ 是　□ 否
专用工具			□ 是　□ 否	□ 是　□ 否
耗材				

（3）用 ISID 诊断电脑读取转向系统故障码，根据读取的故障码确定故障范围。

① 将 ISID 诊断电脑连接到诊断接口，打开点火开关。　□ 任务完成

② 打开 ISID 诊断电脑，通过菜单选择或输入通道号的方式进入到转向诊断系统的故障码读取项目。　　□ 任务完成

③ 将读取的故障码记录下来。

④ 清除故障码，再次读取故障码，并记录下来。

（4）故障分析诊断，如图 9－12 所示。

① 检查化妆镜灯与搭铁之间的电压。　　□ 正常　□ 不正常

② 检查喇叭与搭铁之间的电压。　　□ 正常　□ 不正常

③ 检查转向助力电磁阀电源线与搭铁之间的电压。　　□ 正常　□ 不正常

④ 检查搭铁线与车身之间的电阻。　　□ 正常　□ 不正常

⑤ 根据以上 ISID 诊断及万用表测量结果，可判断导致以上故障的原因有哪些。

⑥ 查阅相关维修手册，检查相应控制模块的保险丝。　　□ 正常　□ 不正常

⑦ 断开蓄电池电源，观察控制模块的状态。　　□ 正常　□ 不正常

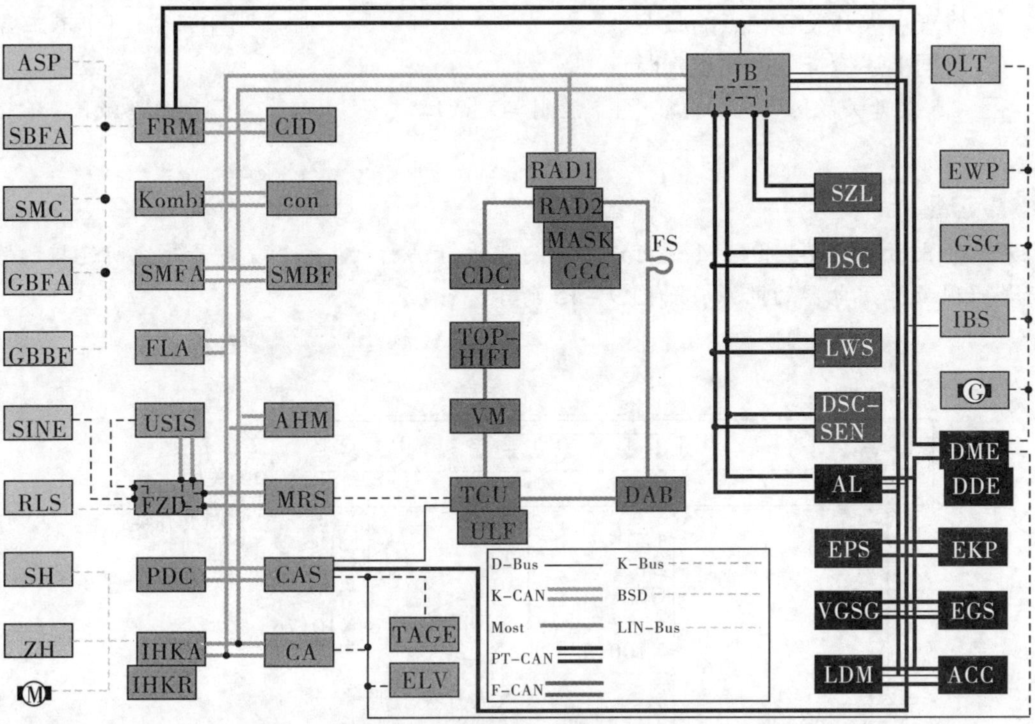

图 9－12　宝马 5 系轿车诊断系统控制单元树状图

⑧ 针对以上间歇性出现的故障情况，试分析原因，并写出你的解决思路。

(5) 故障排除。

① 拆卸转向柱上下护套。 □ 任务完成

② 检查点火开关输入、输出电源。 □ 正常 □ 不正常

③ 分解点火开关，如图 9－13 所示。 □ 任务完成

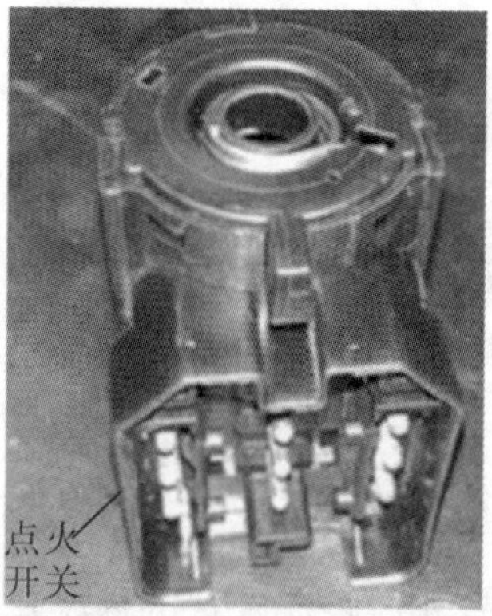

图 9－13 分解点火开关

④ 检查点火开关各触点的状态。 □ 正常 □ 不正常

⑤ 根据上述检查可以初步判断。

□ 点火开关故障 □ 控制单元故障 □ 线路故障

小提示

从点火开关电路图 9－14 中可以看出，点火开关打开 1 挡时，2 号导线所连接的恰好是出现故障用电器的电源，如图 9－15 所示。

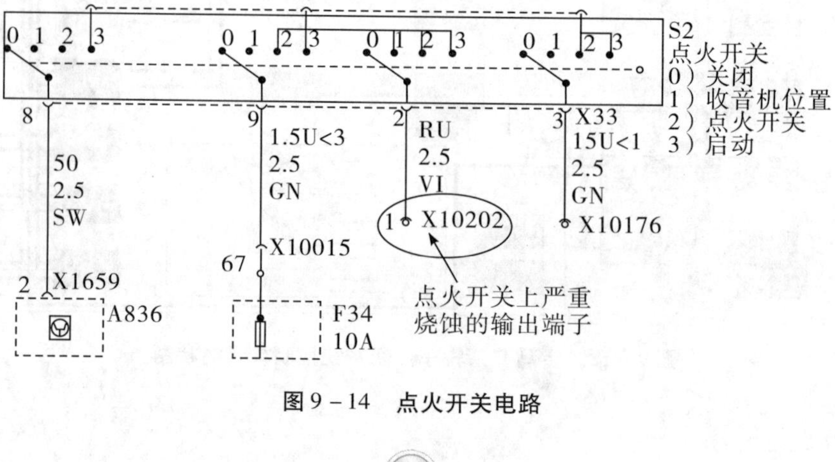

图 9－14 点火开关电路

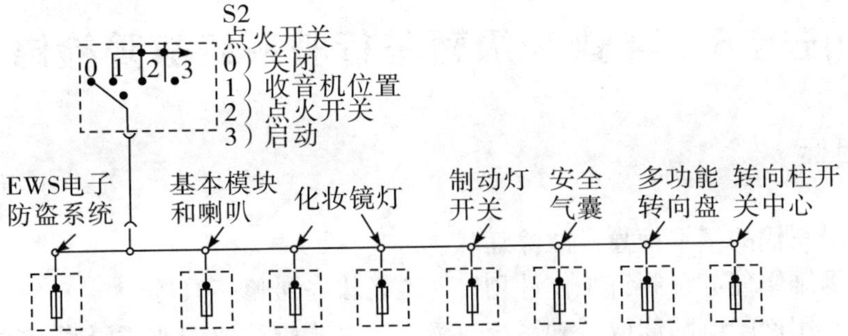

图9－15　2号导线电路

⑥ 请根据电路图，列明导致以上故障现象产生的具体原因。

小提示

值得注意的是，检查保险丝的时候不能单单拔下保险丝检查通断，而不用万用表或测试灯检查保险丝两端是否有电。如果没电就可以根据线路图直接检查点火开关；如果有电可以继续检查导线是否断路，以达到快速解决问题的目的。

⑦ 清除故障码并进行路试。　　□ 任务完成

⑧ 请你确认故障已修复，并签字。　　签名：________

______年______月______日

任务3　奔驰S级轿车行驶系统故障检修

任务目标

1. 能记录车辆的基本信息及故障症状
2. 能根据维修任务，制订工作计划，并准备设备维修工具等
3. 能用专用诊断电脑读取行驶系统故障码，并根据读取的故障码确定故障范围
4. 能对行驶系统部件及电路进行检查和维修，并能根据检查结果更换故障部件
5. 能对工作任务完成情况做出评价、反馈和总结

任务描述

某一天，一名奔驰S级轿车车主来到4S店，向服务顾问（SA）反映，其车辆出现行驶系统故障，希望得到帮助。SA接车后，将该车辆交付你所在的维修组进行维修作业。

图9－16　奔驰S级轿车

想一想

请根据你所学到的知识，初步判断该任务的复杂程度，需要运用哪些知识、技能及工具，车辆需要进行哪些方面的检修以及需要多长时间、多少人来共同协作完成？

任务实施

（1）将车辆的基本信息及故障症状记录在表9－6中。

表9－6　车辆基本信息及故障记录表

客户姓名		车型与车型年份	
驾驶员姓名		VIN码	
车辆进厂日期		发动机型号	
车牌号码		里程表读数	km
首次发生故障日期			
产生故障频率	□ 经常发生 □ 有时发生（　　次/天　　次/月） □ 仅有一次		
故障症状	□ 行驶系统不工作		
	□ 行驶系统不能有效工作		
	悬架系统警告灯异常：□ 持续点亮　□ 不亮		

小提示

奔驰W220 S系列车型装备了先进的空气悬架系统，该系统分为AIRMATIC系统、ADS系统和ABC系统。AIRMATIC是气压车身高度控制系统；ABC全称为Active Body Control，翻译为动态车身控制，S320配备、S500配备以上等级列为标准配备；ADS适应式减振系统，全称为Adaptive Damping System，是一种电子控制液压减振装置，是自适应路况的减振系统，电脑会依据路况、车身加速度、荷重与驾驶者的操控分别自动调节4个避震器的刚性，是附属于AIRMATIC系统中的一个功能。

（2）准备行驶系统检查维修所需的设备、仪表、工具、耗材等，并在表9－7中记录。

表9－7　设备、工具、耗材准备记录表

名　称	型　号	数　量	是否会使用	是否准备好
数字万用表			□ 是　□ 否	□ 是　□ 否
手持式诊断电脑			□ 是　□ 否	□ 是　□ 否
专用示波器			□ 是　□ 否	□ 是　□ 否

续上表

名　称	型　号	数　量	是否会使用	是否准备好
维修手册			□是　□否	□是　□否
常用工具			□是　□否	□是　□否
专用工具			□是　□否	□是　□否
耗材				

（3）空气悬架系统组成及功用，如图 9－17 所示。

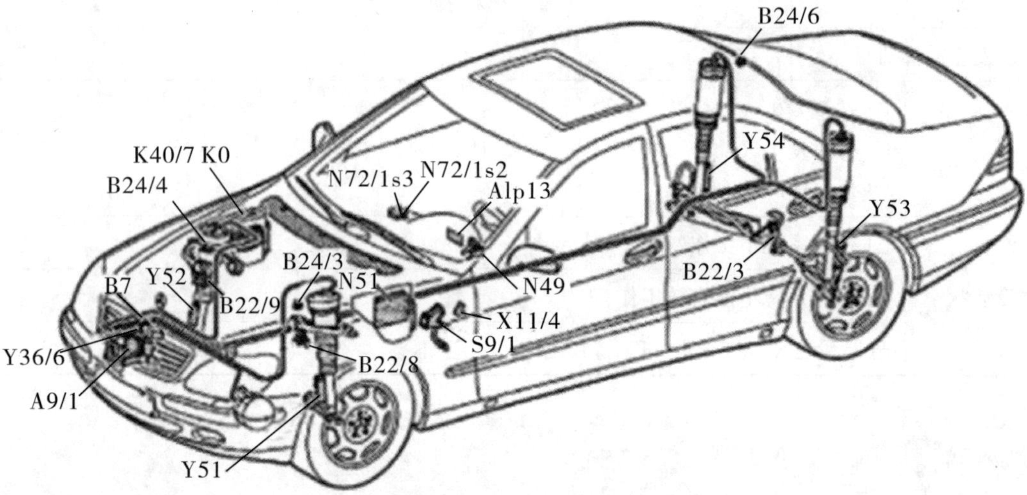

图 9－17　空气悬架系统元件图

说明：A9/1—空气泵；S9/1—刹车灯开关；X11/4—诊断接头；Alp13—多功能显示器；B7—AIR MATIC 压力传感器；Y51—左前减振阀；Y52—右前减振阀；Y53—左后减振阀；Y54—右后减振阀；B22/3—后桥水平传感器；B22/8—左前水平传感器；B22/9—右前水平传感器；B24/3—左前车身加速度传感器；B24/4—右前车身加速度传感器；B24/6—右后车身加速度传感器；N49—方向转角传感器；N51—AIR MATIC 控制模块；N72/1s2—水平控制开关；N72/1s3—舒适/运动开关；K40/7—右保险丝继电器模块；K0—空气泵继电器；Y36/6—水平控制阀

① 查阅相关资料，写出空气悬架系统组成及其功用。

② 空气悬架系统的水平控制和水平调节功能是相互控制的，分为哪三种状态？有何特点？

③ ADS 系统功能有何作用？如何实现？

④ 请你填写图 9－18 空气悬架系统控制模块功能原理空白处的内容。

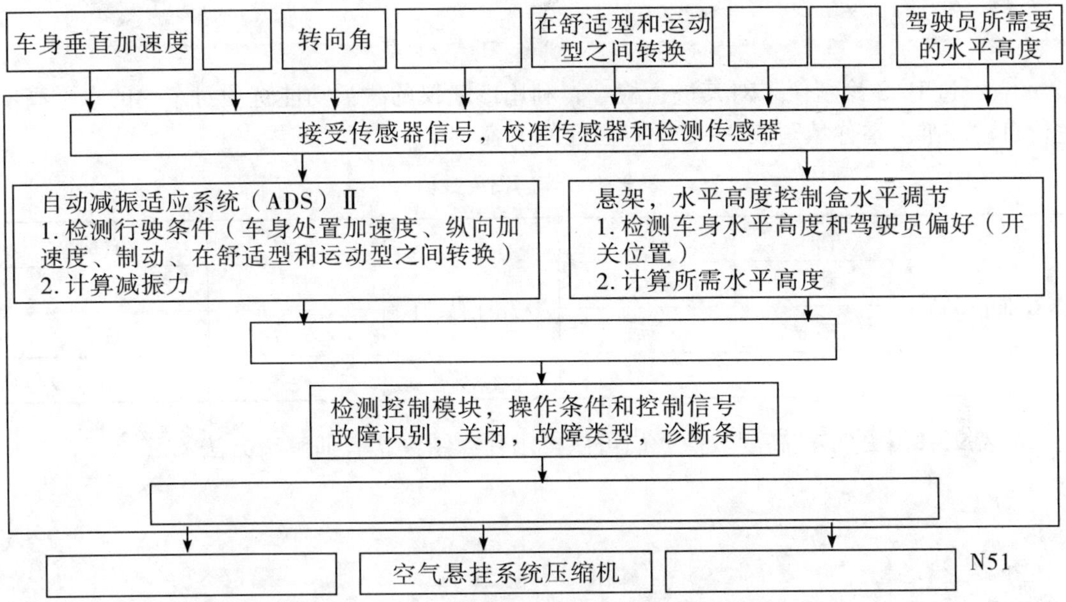

图 9－18　空气悬架系统控制模块功能示意图

（4）故障案例。

故障现象：一辆型号为 W220（S500）的奔驰轿车，仪表板上显示“airmatic visit workshop”（检修空气悬架系统）。启动发动机并挂挡后，仪表板上显示“airmatic stop car too low”（空气悬架系统故障，车身太低）。按下仪表板上的车身高度控制按钮，车身不升高，车身前部太低。此车辆进行维修前曾经发生事故，对车辆的右前部进行过维修。

故障诊断与排除：用诊断电脑读取行驶系统故障码，根据读取的故障码确定故障范围。

① 将诊断电脑连接到诊断接口，打开点火开关。　□ 任务完成

② 打开诊断电脑，通过菜单选择或输入通道号的方式进入到行驶系统的故障码读取项目。　□ 任务完成

③ 将读取的故障码记录下来。

④ 清除故障码，再次读取故障码，并记录下来。

小提示

如果故障码能够被清除，则说明该故障属于偶发性故障，或者是上一次检修时，维修技师在排除完故障后没有将故障码清除。如果两次都读到了同样的故障码，则说明该故障为永久性故障，若故障不排除，故障码就无法清除。

⑤ 通过 DAS 诊断仪来对其进行检查，利用诊断仪的激活功能选项对车辆的水平高度进行自动校准。请你填写表 9－8 中空白处的内容。

表 9－8　车辆高度数值

未校准前数值	左前	右前	校准前数值	左前	右前
	左后	右后		左后	右后

从表 9－8 中的车辆高度数值我们可以得出什么结论？有何解决方法？

小提示

进入自动校准程序，控制系统会自动控制压缩机工作，给空气悬挂充气使其达到正常的工作高度。

⑥ 根据 DAS 诊断仪的故障引导性功能，对高度阀进行检查。水平高度控制阀单元中集成了几个模块？车身水平高度的调节范围可以通过几个水平高度控制阀改变？如何实现高度调整功能？如图 9－19 所示。

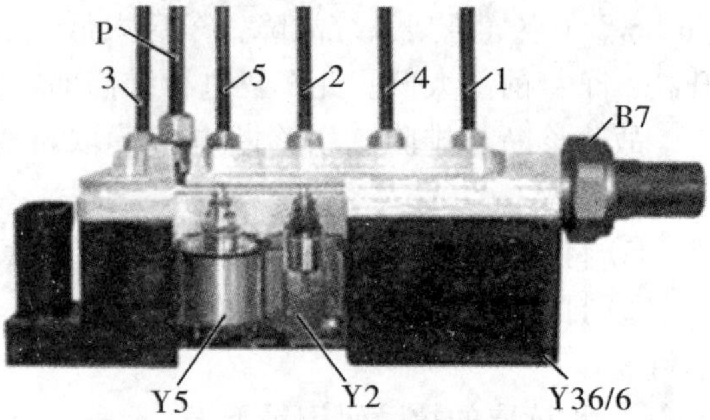

图 9－19　Y36/6 高度控制阀单元

说明：1—通往左前避震；2—通往右前避震；3—通往左后避震；4—通往右后避震；5—储压罐；Y2—高度控制阀；Y5—中央蓄压器充压阀；B7—压力传感器；P—空气泵

⑦ 根据 DAS 诊断仪的提示进行供电和电阻检测，如图 9－20 所示。

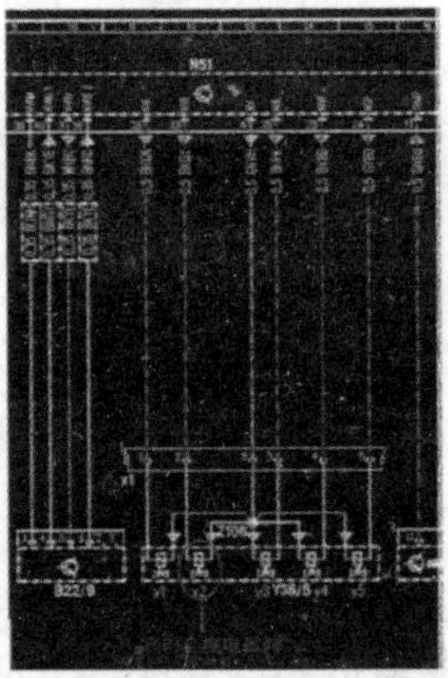

图 9－20　奔驰 W220 车型空气悬架系统电路图

◆ 供电是否正常。　□是　□否

◆ 搭铁是否正常。　□是　□否

◆ 测量阀和控制单元 N51 之间的电阻是否正常。　□是　□否

⑧ 电磁阀的检测。

◆ 利用诊断仪的激活功能激活电磁阀动作。　□任务完成

◆ 电磁阀的电源线路电压是否在 11～14 V 的范围内。　□是　□否

◆ 激活时电磁阀是否会发出“滴嗒滴嗒”的响声。　□是　□否

◆ 激活时对控制单元给电磁阀的控制端进行检查，有无控制信号。

□是　□否

◆ 针对以上检查，可以判断故障原因是？有何解决方法？

（5）根据检查结果，更换有故障的行驶系统元件，并确认行驶系统可以正常工作。

① 请根据检查结果，填写正确的维修意见，完成表 9－9。

表 9－9　行驶系统元件检查结果及维修意见表

元件名称	检查结果	维修意见
空气泵		
储压罐		
气动前后减振器		
空气分配器、电磁阀		
巡航系统控制电脑		

续上表

元件名称	检查结果	维修意见
诊断接口		
各线束及连接器		

小提示

在车辆维修工作中，找到故障部位，确定维修意见后，需要征得客户的同意才能进行修复。

② 参考维修手册，修理或更换有故障的元件，简要写出维修步骤及注意事项。

小提示

随着电子技术的发展，电子控制技术越来越多地应用到车辆检修工作中，特别是中高端车型。对于汽修人员来讲，掌握各个系统的控制原理是前提，其次就是能够充分运用故障诊断仪的功能，包括诊断、引导性故障查询、引导性功能查询、激活、试运行等，许多故障都可以通过诊断仪确定，但我们也不能完全依赖诊断仪，行驶系统故障就是充分利用了诊断仪的辅助功能，才使得检修工作简单化。

③ 清除故障码。 □ 任务完成

④ 路试检查行驶系统工作是否正常，巡航系统警告灯是否异常，请记录。

⑤ 再次读取故障码。 □ 任务完成

小提示

如果行驶系统中仍然存在故障码，则说明故障未被排除。

⑥ 请你确认故障已修复，并签字。

签名：______________

______年______月______日

任务4　丰田威驰轿车制动系统故障检测

任务目标

1. 能记录车辆的基本信息及故障症状
2. 能根据维修任务，制订工作计划，并准备设备维修工具等
3. 能用专用诊断电脑读取制动系统故障码，并根据读取的故障码确定故障范围
4. 能对制动系统部件及电路进行检查和维修
5. 能根据检查结果更换故障部件，并能排除制动系统故障警告灯常亮的故障
6. 能对工作任务完成情况做出评价、反馈和总结

任务描述

某一天，一名丰田威驰轿车车主来到4S店，向服务顾问（SA）反映，其车辆出现制动系统故障警告灯常亮的故障，希望得到帮助。SA接车后，将该车辆交付你所在的维修组进行维修作业。

图9-21　丰田威驰轿车

想一想

请根据你所学到的知识，初步判断该任务的复杂程度，需要运用哪些知识、技能及工具，车辆需要进行哪些方面的检修以及需要多长时间、多少人来共同协作完成？

任务实施

（1）将车辆的基本信息及故障症状记录在表9－10中。

表9－10　车辆基本信息及故障记录表

客户姓名		车型与车型年份	
驾驶员姓名		VIN码	
车辆进厂日期		发动机型号	
车牌号码		里程表读数	km
首次发生故障日期			
产生故障频率	□ 经常发生 □ 有时发生（　　次/天　　　次/月） □ 仅有一次		
故障症状	□ ABS不工作		
	□ ABS不能有效工作		
	ABS警告灯异常：□ 持续点亮　　□ 不亮		
	驻车制动警告灯异常：□ 持续点亮　　□ 不亮		

小提示

带有电子制动力分配系统（EBD）的丰田威驰车型ABS由左右前轮转速传感器、左右后轮转速传感器、ABS的ECU及执行器、熔断丝、ABS警告灯以及液压制动系统等组成。如图9－22所示。

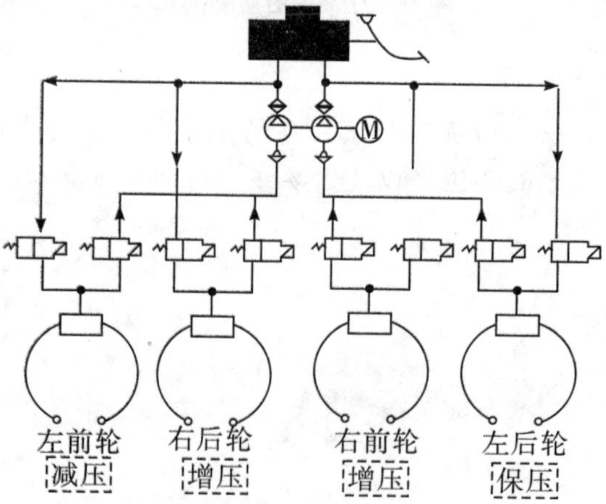

图9－22　丰田威驰车型ABS组成

（2）准备制动系统检查维修所需的设备、仪表、工具、耗材等，并在表9－11中记录。

表9－11　设备、工具、耗材准备记录表

名　称	型　号	数　量	是否会使用	是否准备好
数字万用表			□是　□否	□是　□否
手持式诊断电脑			□是　□否	□是　□否
专用示波器			□是　□否	□是　□否
维修手册			□是　□否	□是　□否
常用工具			□是　□否	□是　□否
专用工具			□是　□否	□是　□否
耗材				

（3）用手持式诊断电脑读取ABS系统故障码，根据读取的故障码确定故障范围。

① 将手持式诊断电脑连接到诊断接口，打开点火开关。　　□ 任务完成

② 打开手持式诊断电脑，通过菜单选择或输入通道号的方式进入到ABS诊断系统的故障码读取项目。　　□ 任务完成

③ 将读取的故障码记录下来。

④ 清除故障码，再次读取故障码，并记录下来。

小提示

不使用手持式测试仪时故障码读取首先用专用维修工具SST09843－18040连接端子TC与CG，如图9－23所示，然后接通点火开关，由ABS警告灯的闪烁读取故障码。若没有故障码，则检测电路或ABS警告灯电路；若同时出现两个以上故障时，则数字小的故障码先显示。故障码显示方式如图9－24所示。

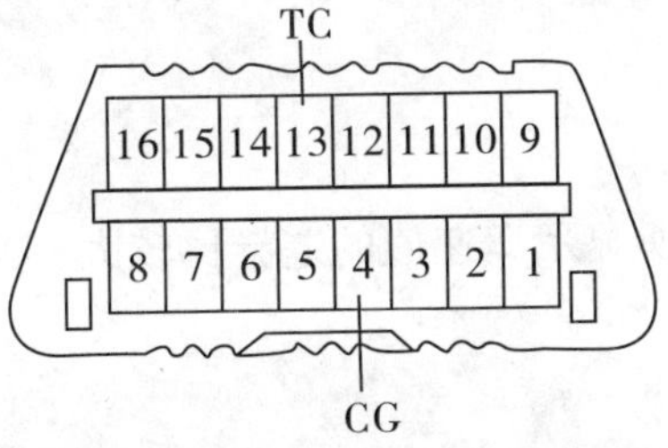

图9－23　DLC3端子布置

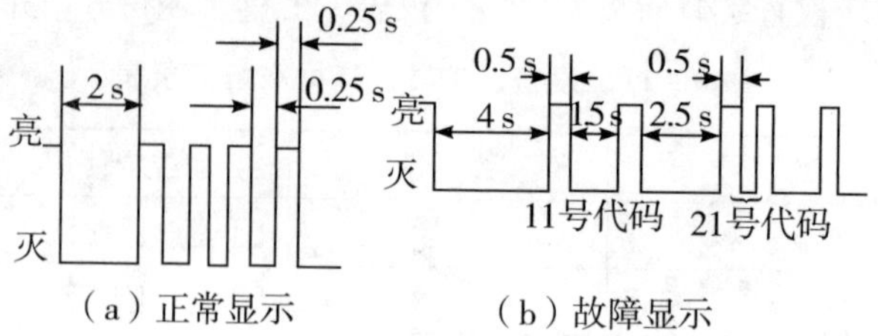

图 9－24　丰田威驰车型 ABS 故障码显示方式

（4）左、右前轮转速传感器及其控制电路故障检测。

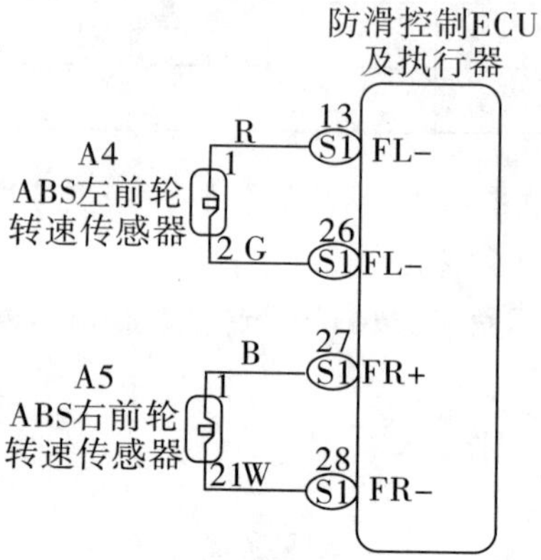

图 9－25　左、右前轮转速传感器控制电路

① 当车速不低于 10 km/h 时，车轮转速传感器电路发生短路和断路故障（或者转速传感器信号暂时中断）时生成的故障码有哪些？可能是哪些故障导致的？

② 检查测试仪的转速值和车速表所显示车速值的差异。

◆ 连接好手持式测试仪。　　□ 任务完成

◆ 接通点火开关。　　□ 任务完成

◆ 选择测试仪的 DATA LIST 方式并行驶车辆。　　□ 任务完成

◆ 如果转速值和车速表所显示车速值的差异比较小，应如何处理？

◆ 如果转速值和车速表所显示车速值的差异比较大，又应如何处理？

小提示

图 9－26 为左、右后轮转速传感器控制电路。左、右后轮转速传感器及其电路故障检测方法同前轮相同，故障码分别为 C0215/34、C0210/33。

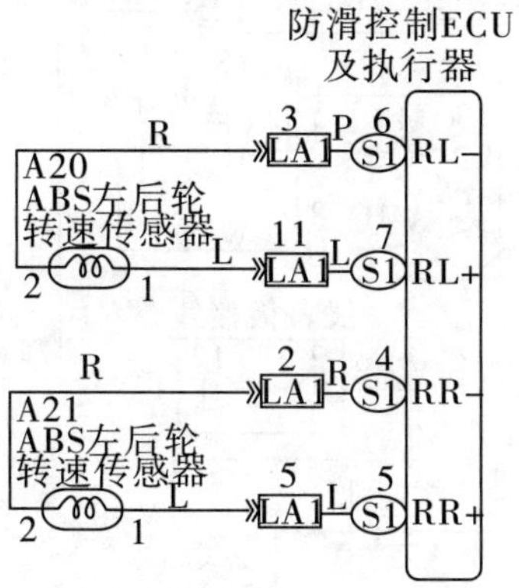

图 9－26　左、右后轮转速传感器控制电路

③ ABS 电磁阀控制电路故障检测，如图 9－27 所示。

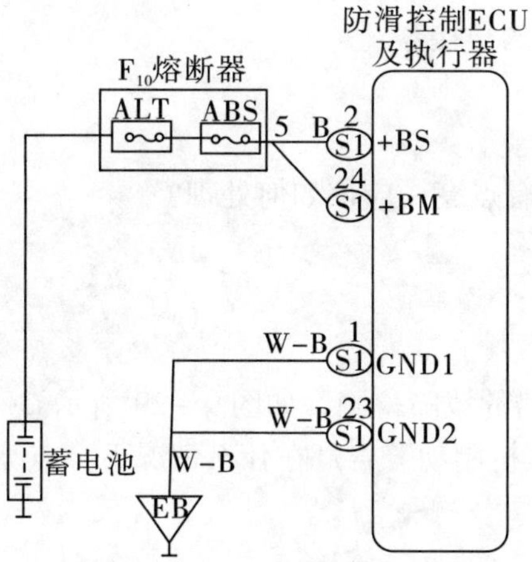

图 9－27　ABS 电磁阀控制电路

◆ 连接好手持式测试仪。　　□ 任务完成

◆ 接通点火开关。　　□ 任务完成

◆ 是否存在电磁阀故障码。　　□ 是　□ 否

◆ 如果存在电磁阀故障码，应该如何处理？如果故障码当前存在且不能清除，又该如何处理？

④ ABS 警告灯控制电路的故障检测，如图 9－28 所示。

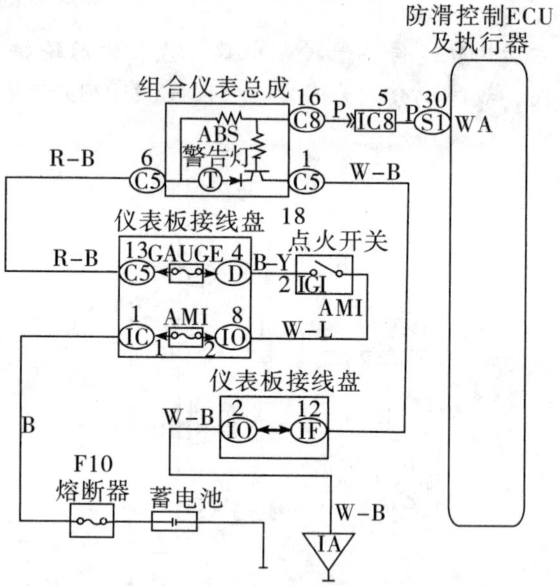

图 9－28　ABS 警告灯控制电路

◆ 断开点火开关。　□ 任务完成

◆ 脱开防滑控制 ECU 的连接器。　□ 任务完成

◆ 接通点火开关。　□ 任务完成

◆ ABS 警告灯是否点亮。　□ 是　□ 否

◆ 如果 ABS 警告灯没有点亮，应该如何处理？

⑤ 制动警告灯控制电路的故障检测，如图 9－29 所示。

◆ 结合图 9－29，试分析制动警告灯在什么情况下会点亮？

◆ 如果制动警告灯点亮，你会如何处理，请写出你的解决思路。

（5）丰田威驰轿车 ABS 故障检修一。

故障现象：车辆以车速约为 50 km/h 在市区公路行驶时，发现踩下制动踏板时 ABS 故障指示灯偶尔会点亮，开关几次后发现有时 ABS 指示灯会自动熄灭。

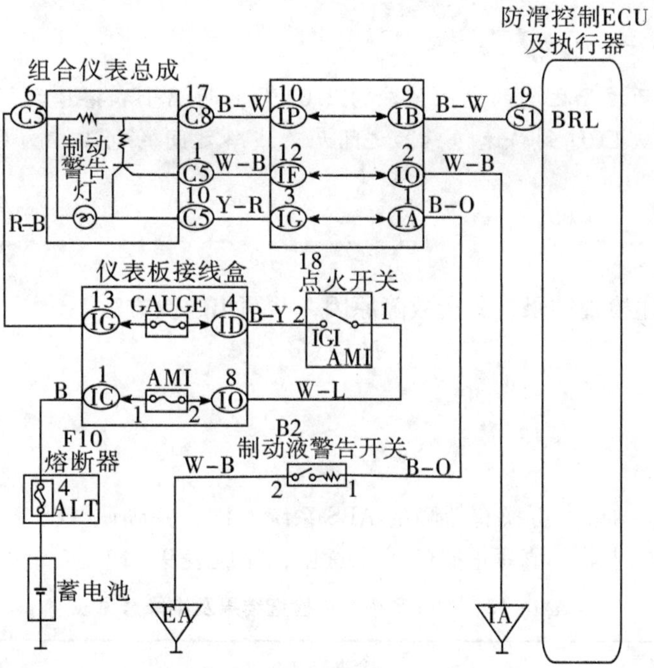

图 9－29　制动警告灯控制电路

① 结合所学知识，试分析该车 ABS 故障指示灯偶然点亮的原因有哪些？

② 利用故障检测仪进行测试，根据故障码进行分析排除故障，试写出你的思路。

（6）丰田威驰轿车 ABS 故障检修二。

故障现象：车辆在正常行驶过程中 ABS 故障灯突然点亮，ABS 不灵敏。

① 利用故障检测仪进行测试，根据故障码进行分析排除故障，试写出你的解决方法。

② 检查 ABS 系统线路连接情况。

- ◆ 拆下右后轮转速传感器。　　□ 任务完成
- ◆ 检查转速传感器表面有无异常。　　□ 是　□ 否
- ◆ 传感器两端子之间的电阻值是否符合标准。　　□ 是　□ 否
- ◆ ECU 到转速传感器之间的电阻是否符合标准。　　□ 是　□ 否

小提示

测量传感器两端子之间的电阻值应为2.0 kΩ，两端子和搭铁之间的电阻值应为无穷大；检查线路从ECU到转速传感器之间两条线路之间的电阻应为0 Ω，与搭铁之间的值应为无穷大。

③ 请根据上述检查结果，分析故障原因，并写出解决方法。

（7）根据检查结果，更换有故障的ABS系统元件，并确认ABS系统可以正常工作。

① 请根据检查结果，填写正确的维修意见，完成表9－12。

表9－12　ABS系统元件检查结果及维修意见表

元件名称	检查结果	维修意见
轮速传感器		
齿圈		
制动压力调节器		
ABS控制单元（ECU）		
ABS警告灯		
诊断接口		
各线束及连接器		

小提示

在车辆维修工作中，找到故障部位，确定维修意见后，需要征得客户的同意才能进行修复。

② 参考维修手册，修理或更换有故障的元件，简要写出维修步骤及注意事项。

③ 清除故障码。　　□ 任务完成

④ 路试检查 ABS 系统工作是否正常，ABS 警告灯是否异常（自检、低速、高速三种工作状态下），请记录。

⑤ 再次读取故障码。　　　　　　　　　　　　　　　　　□ 任务完成

小提示

如果系统中仍然存在故障码，则说明故障未被排除。

⑥ 请你确认故障已修复，并签字。　　　　　签名：__________
　　　　　　　　　　　　　　　　　　　　_____年_____月_____日

评估反馈

1. 小组评价——日常表现性评价（由小组长或者小组成员评价）

序号	评估项目	评价结果
1	工作着装是否规范	□ 优　□ 良　□ 中　□ 差
2	实训任务填写情况	□ 优　□ 良　□ 中　□ 差
3	团队合作情况	□ 优　□ 良　□ 中　□ 差

2. 教师点评

□ 优　□ 良　□ 中　□ 差

教师签名：__________　　　　_____年_____月_____日